offen & ehrlich

Elvira Hoffmann

Süßer Traum von bösen Blumen

SCHNEIDER BUCH

Die Deutsche Bibliothek – CIP-Einheitsaufnahme

Hoffmann, Elvira:
Süßer Traum von bösen Blumen : Roman / Elvira Hoffmann. –
München : F. Schneider, 1998
(Offen & ehrlich : Drogen)
ISBN 3-505-10758-1

Dieses Buch wurde auf chlorfreies,
umweltfreundlich hergestelltes
Papier gedruckt. Es entspricht den
neuen Rechtschreibregeln.

Der Schneider Verlag im Internet:
http://www.schneiderbuch.de

Titelbild und Umschlaggestaltung: ART-DESIGN Wolfrath, München
Herstellung: Gabi Lamprecht
Satz: Ludwig Auer GmbH, Donauwörth, 11˙ Garamond
Druck: Presse-Druck, Augsburg
Bindung: Conzella Urban Meister, München-Dornach
ISBN: 3-505-10758-1

Vorbemerkung

„Hauptsache, dass die Geschichte wahr ist“, hat Erich Kästner einmal gesagt.

Lüge kann wohl ein Quentchen Wahrheit enthalten, die Wahrheit jedoch niemals auch nur ein bisschen Lüge. Konkret hat das für mich bei der Arbeit an dem brisanten Thema „Drogensucht“ bedeutet: Erfinde nicht, sondern finde!

Ich habe Gespräche mit Fixern geführt, Ärzte befragt, an Treffen von Selbsthilfegruppen und Elterninitiativen teilgenommen – das alles reichte nicht aus. Dann endlich fand ich: eine junge Frau nämlich, die mir ihr siebenjähriges Rauschgiftmartyrium Schritt für Schritt offenbarte. Ich habe dieses Bekenntnis aufgezeichnet. Mir lag daran, später beim Schreiben den Originalton zu treffen.

Die Schicksale meiner verschiedenen Gesprächspartner habe ich in der Erzählung miteinander verwoben. Authentisches hat mir für diesen Roman als Auslöser gedient und versteht sich für mich als Verpflichtung zur Wahrheit.

Elvira Hoffmann

Im Anhang Register der Fachbegriffe und Hinweise zur Drogenberatung.

1

Der Abend war noch nicht alt, da hatte Karin einen doppelten Einstieg geschafft: Sie hatte zu Ullis Küssen ja gesagt und siebenmal an seiner Haschzigarette gezogen. Jetzt sollte sie sich eigentlich gut fühlen. Der erste Kuss, der muss so schön sein, dass man ihn nie vergisst ... Blödsinnig! Sie horchte in sich hinein, aber da war nichts. Jedenfalls kein neues, ungekanntes Gefühl, nicht mal Herzklopfen. Sein Kuss hatte nach Hustensaft geschmeckt, genauer gesagt so, als habe er auf den Räucherstäbchen herumgekaut, die überall in der Wohnung glimmten. Und was war mit der Wirkung des ersten Joints? Auch Fehlanzeige. Karin gähnte. So sahen also die wilden Parties der Oberstufenschüler aus.

„Wir kiffen noch einen, Süße." Ulli malte mit dem Zeigefinger Kringel um ihre Nase, um ihre Augen. Er trat einem Kumpel leicht mit seinen Boots vors Schienbein. „Lass noch'n Joint rüberkommen, Ingo." Zu dem Mädchen gewandt wollte er wissen: „Welche Klasse?"

„Neunte", gab Karin Auskunft. „Und du?"

„Dreizehneins. Paar Wochen noch, dann liegt die Quetsche hinter mir. Hier." Er steckte ihr die grob gedrehte Zigarette zwischen die Lippen, zog eine Kerze zu sich heran und gab ihr Feuer.

Sie hielt den Joint zwischen Daumen und Zeigefinger,

wie sie es bei ihm gesehen hatte, und paffte ein paar kurze, hastige Züge. Vom Tonbandgerät kamen flirrende Sitarklänge. Einige Paare wiegten sich verzückt und eng umschlungen im Takt der Musik.

„Ich hab dich gestern nach der Schule mit Biggi gesehen. Du gefielst mir. Bring die kleine Dunkle mal mit, hab ich zu ihr gesagt, und das war nicht meine schlechteste Idee. Ist Biggi deine Freundin?"

„Neuerdings", antwortete Karin mitteilungsfreudig. „Früher konnte ich sie nicht ab. Sie war zu dreimalschlau. Allerdings nicht im Unterricht. Da nicht."

Er nahm ihr die Zigarette aus der Hand und ging vom Schneidersitz in die bequemere Horizontale. Mit geschlossenen Augen lag er da und inhalierte den Rauch. „Wieso magst du sie jetzt?"

„Sie war in letzter Zeit besonders nett zu mir. Nicht mehr so von oben herab, verstehst du? Außerdem ... na ja, sie ist über ein Jahr älter als ich, fast schon sechzehn, und hat'n guten Draht zu eurer Clique." Sie schaute auf die Uhr und erschrak. „Höchste Zeit! Ich muss sofort los."

„Was muss, muss", sagte Ulli gelangweilt.

Zögernd blieb Karin stehen. Wollte er sie nicht nach Hause oder wenigstens zur Tür begleiten? Es sah nicht danach aus. Er drehte sich zur Seite und sprach ein hübsches Mädchen an, das sein Haar zu vielen dünnen Zöpfen geflochten hatte. „Tanzen wir?"

„Okay."

Karin wandte sich wütend ab und suchte Biggi, konnte sie aber nirgends finden. So machte sie sich allein auf den späten Heimweg. „Bin wieder da", meldete sie sich bei den Eltern durch die geschlossene Wohnzimmertür ohne eine Antwort abzuwarten.

„Na, wie fandest du's gestern Abend?", erkundigte sich Biggi vor der Schule.

„Ich hatte es mir weniger langweilig vorgestellt."

„Hat dich der Ulli angemacht?"

„Wie kommst du denn darauf?"

„Es sah so aus. – Du, Karin, wenn du mal wieder 'n Joint willst, meld dich."

„Ich find nichts Tolles dran." Überlegen und abgeklärt hörte sich das an.

„Nein?", fragte Biggi gedehnt und lächelte beinahe mütterlich. Da war er wieder, ihr überheblicher Ich-weiß-alles-besser-Blick. „Ach übrigens, nachmittags trifft sich die Clique bei Pepe in der Burg. Sein Vater ist Museumsleiter und Pepe hat eine Klassebude ganz oben im Turm. Um vier bei mir, falls du Lust hast."

Karin fühlte sich geschmeichelt. Es tat gut, gefragt zu sein, irgendwo dazuzugehören. Dass sie dem Joint nichts hatte abgewinnen können – herrje, was verlangte sie denn von einem Dutzend gepaffter Züge?

Und die Sache mit Ulli? Himmel noch mal, in einer Clique gehörte eben jeder jedem. Liebe auf den ersten Blick, daran glaubten doch nur Ausrangierte, Antiquierte und Landeier. Kurzum, Karin hatte Lust sich mit der Clique zu treffen. Nicht nur an diesem Tag. Wenn auch andere gelegentlich oder für immer ausblieben, *ihr* Erscheinen bei Pepe war sicher.

Nach einigen Tagen reagierte sie auf die Droge nicht mehr mit Albernheit oder Übelkeit. Sie lag in der Nische des Burgzimmers unter dem Bogenfenster, rauchte ihren Joint und lauschte dem „Hare Krishna". Pepe liebte Blumen und leuchtende Farben, genau wie sie. Karin suchte in der ersten Zeit mit den Augen jeden Winkel seines Zimmers ab, um die Stelle zu finden, an der sie Körbe oder mindestens dicke Sträuße mit Rosen und Freesien vermutete. Aber ihr Geruchssinn trog; es waren nur wenige Blüten im Raum.

„Ich hab in letzter Zeit 'ne Nase wie'n Spürhund", sagte sie zu Biggi. „Noch nie haben Blumen so unheimlich betäubend geduftet."

„Dann hat's bei dir geklickt. Das macht der Joint, selbst wenn du's nicht glauben willst."

„Keine Musik geht mehr an meinem Ohr vorbei, Biggi. Es ist, als wollten Klänge und Düfte ganz tief in mich hineinkriechen. Geht dir das genauso?"

Biggi lächelte vielsagend. „Also, an Stoff kann ich jederzeit rankommen. Du wirst schon noch mehr auf den Geschmack kommen. Shit ist super, sag ich dir."

△

Unter den Augen der aufsichtsführenden Lehrer drehten sie in den Pausen ihre Haschzigarette. Karins Konzentrationsfähigkeit ließ gegen Mittag spürbar nach. Mehr als einmal kam sie torkelnd nach Hause. Sie fühlte sich schlapp, hatte keinen Appetit und wirkte oft apathisch. An guten Tagen war sie dagegen aggressiv.

„Du riechst in letzter Zeit so eigenartig“, wunderte sich ihre Mutter und schnupperte an Karins langen Haaren.

„Stört’s dich? Mich nicht.“

„Und ausgesprochen frech bist du auch plötzlich. Überhaupt passt es mir nicht, dass du jeden Tag bei dieser Biggi und irgendwelchen Jungs hängst.“

„Sonst noch was?“ Karin ging in ihr Zimmer. Die Mutter würde ihr nicht folgen. Sie hatte die Entscheidung zwischen einer konsequenten Austragung der Familienkonflikte und der Rücksicht auf andere Mieter längst zugunsten der Nachbarn gefällt. Weder ihr Mann noch sie schrien herum, wenn ihnen etwas nicht passte. Herr Bieber griff in solchen Fällen mit rechts zur Flasche, mit links zum Schnapsglas und spülte seinen Ärger hinunter. Seine Frau nahm eine Aspirintablette und stimmte in jammerndem Ton ein Klagelied auf die Verhältnisse an, die sich nun mal nicht ändern ließen.

„Der vollgefressene Köter von Gallo kackt dir auf die Fußmatte und du machst das stillschweigend weg!“, schrie Karin am Abend in ihrer neuen, geladenen Art. „Das ist einmalig, so was von Blödheit!“

„Herr Gallo ist Papas Vorgesetzter“, verteidigte sich die Mutter schwach. „Wenn ich seine Beförderung nicht blockieren will, muss ich den unteren Weg gehen.“

„Als ob Papas Beförderung von Hundescheiße abhinge! Außerdem ist sie längst überfällig. Ach, kiss doch my backside!“ Türknallend verließ sie die Küche.

„Was ist denn schon wieder?", fragte ihre kleine Schwester ängstlich. Ihr setzten die sich häufenden Szenen am meisten zu.

„Nichts. Lies weiter."

Wenn man sich auf der Penne erst einmal einen guten Namen gemacht hat, ist es gar nicht so einfach, ihn wieder loszuwerden. Von diesem Bonus profitierte Karin einige Monate. Gleichgültig, ob sie ihre Hausaufgaben vergaß, sich an den Stoff der letzten Stunde nicht erinnerte oder eine Arbeit danebenhaute, die Lehrer übten Nachsicht. Ihre geistige Abwesenheit? Typisch pubertär, das würde sich bald geben. Erst in der Zehn gelang es ihr, die „Lehrkörper" davon zu überzeugen, dass die neue Karin weder willens noch in der Lage war entstandene Lücken zu schließen. Diese späte Erkenntnis schlug sich im Winterzeugnis voll nieder. Nach den Hintergründen ihres Leistungsabfalls fragte keiner.

Vater Bieber holte die alten Zensurenblätter aus seiner Dokumentenmappe und verglich sie kopfschüttelnd mit dem neuesten. „Ganz egal", entschied er, „du machst weiter, auch wenn du im Sommer kleben bleibst. Was ist schon ein verlorenes Jahr? Schließlich schaffen es die wenigsten glatt bis nach oben. Ohne Abitur hast du heutzutage zu schlechte Karten."

„Das sieht man an dir."

„Ich hatte nicht deine Chance."

„Eins ist jedenfalls klar, nämlich dass ich mit Ende der

Zehn das Handtuch schmeiße. Mir stinkt der Laden schon lange."

„Du wiederholst das Jahr, sage ich", beharrte der Vater in ungewohnter Strenge.

„Willst du mich zwingen? Wie stellst du dir denn das vor?" Von diesem Tag an schrieb sie auf jedes Zeitungsinserat, in dem eine annehmbare Lehrstelle geboten wurde, für die die „mittlere Reife" ausreichte. Schneller als gedacht erhielt sie einen Probevertrag über die Ausbildung zum Industriekaufmann. Ihre Eltern würden das Papier nicht unterschreiben, das wusste sie. Also nahm sie die Dienste eines angehenden Plakatmalers in Anspruch, der seit kurzem zu der Hasch-Clique gestoßen war. Er fälschte die Unterschriften so verblüffend echt, dass vermutlich selbst Herr Bieber darauf hereingefallen wäre. Karin genoss mit Genugtuung, allen düsteren Prognosen zum Trotz als „Abgebrochene" eine Lehrstelle erwischt zu haben. Sie wollte lieber warten, bis sie die Eltern vor vollendete Tatsachen stellen konnte, die sie zweifellos akzeptieren würden. „Meine Tochter hat meine Unterschrift gefälscht, der Vertrag hat daher keine Gültigkeit" – solche Worte könnte ihr Vater nicht über die Lippen bringen.

△

„Ich hab 'ne neue Quelle aufgetan", verriet der Plakatmaler. „Statt Hasch mal Grass probieren, Karin?"

„Könnt ich doch irgendwo allein sein, wenn ich was genommen hab, Mike! In Pepes Bude quatscht jeder in meine Gedanken rein, wie's ihm gerade passt."

„Die andern kommen nur darum zum Treff, damit sie nicht allein sind. Du bist mehr wie'n Einsiedler. Aber ich glaube, ich kann dir helfen. Wie wär's mit dem Campingwagen von meinem Alten? Steht am Laaksee."

„Wenn er heizbar ist und du'n Kofferradio für 'n paar Takte Musik mitnehmen kannst."

„Sonst noch was?"

„Ja. Bring mich nur hin und hol mich ein paar Stunden später wieder ab. Ich muss allein sein."

„Keine Sorge", er hob beide Arme, „ich schmeiß mich in 'ne Ecke und du hörst keinen Grunzer von mir."

„Gehn wir."

Sie lag fröstelnd auf einem harten Klappbett, rauchte einen Marihuana-Joint und sah den Schneeflocken zu, die vor dem Fenster tanzten. Der Heizstrahler lief auf Hochtouren, vermochte aber trotzdem den seit Wochen ausgekühlten Wohnwagen nicht richtig auf Temperatur zu bringen.

„Ist das nun das, was du wolltest?", fragte Mike sarkastisch und beugte sich über das zitternde Mädchen.

Karin nahm den Blick nicht von den weißen Flocken. „Du hast versprochen mich allein zu lassen", sagte sie mit träger Stimme.

„Allein lassen? Davon war nicht die Rede. Du bist auf 'm Ego-Trip, will mir scheinen."

„Ulli hat mal gesagt, nur der Egoist hat Zukunft."

Mike entschloss sich für die gutmütige Masche. „Also schön, ich verzieh mich 'ne Weile." Er klappte den Kragen seines langen Mantels hoch und ging hinaus. Karin sah ihm nach, wie er durch den Schnee davonstapfte. Sie fühlte Erleichterung. Wenn der Joint nicht so verräterisch röche, würde sie zu Hause in ihrem Zimmer bleiben und sich nur noch mit den andern treffen um neuen Stoff zu beschaffen. Sie musste sich seit neuestem zu allem, was sie unternahm, zwingen. Das morgendliche Aufstehen war eine Mobilmachung sämtlicher Energiereserven.

Seitdem sie kiffte, hatte sie viel nachdenken müssen: über sich, über den Sinn des Lebens, über die Eltern, die das Wort „hinnehmen“ zur Lebensphilosophie erhoben hatten. Viel Konkretes war bis jetzt nicht dabei herausgekommen. Was sie tun könnte oder müsste, darüber gab es keinen Aufschluss. Nur dass sie nie so werden wollte, wie ihre Eltern waren, das also, was sie *nicht* tun dürfe, hatte sie für sich entschieden. Sie dachte nicht daran, sich in irgendetwas zu fügen oder Schicksal als unabwendbar anzusehen. Dass die Gesellschaft der Streber und Verdiener keinen persönlichen Einsatz lohne und dass es ihre Pflicht sei, sich ihr zu verweigern, waren Losungen, die sie von Ulli und Pepe bereitwillig und ohne nachzudenken übernommen hatte. Sie klangen nach tätigem Protest und waren dem resignierten Kleinbürgerdenken ihrer Eltern entgegengesetzt. Schon aus diesem Grunde mussten sie richtig sein.

Karin rauchte. Doch ein Wohlgefühl wollte sich nicht recht einstellen. Mike kam zurück, sagte „Hallo“ und setzte sich dem Mädchen gegenüber.

Karin überfiel ein Schwächegefühl, das aber rasch wieder schwand, als sie den Kopf für die Dauer einiger tiefer

Atemzüge zur Tür hinausstreckte. „Auf Grünen Türken, Roten Libanesen, Schwarzen und Schimmel-Afghanen hab ich unheimlich angeschlagen“, wunderte sie sich. „Bei sämtlichen Haschsorten ungefähr gleich stark. Grass kommt mir zwar ähnlich vor, aber irgendwie leichter. Kann das stimmen?“

„Möglich“, erwiderte Mike. „Jeder reagiert eben anders.“

Ganz unvermittelt kündigte sie an: „Ich geh von der Hasch-Clique weg.“

Er kniff die Augen zusammen. „Willst du damit sagen, dass du aussteigst? Von der peer group fort, zurück in den Schoß der Familie?“

„Das glaubst du nicht im Ernst. Nee, diese Clique ödet mich an, das ist alles. Die rauchen Hasch, wie andere ’n Bier trinken, ohne sich Gedanken zu machen. Was sie reden, meinen sie nicht wirklich. Die sind in nichts konsequent. Alles was sie machen, tun sie halb. Überhaupt sind das Langweilertypen, alle Mann. Einige von denen waren sicher anders. Aber die wirklich irren Leute splittern einer nach dem andern ab.“

„Was hast du denn vor?“

„Ich such mir was Neues. Es muss doch was geben, das lohnt. Ein paar, die so denken wie ich. Nicht bloß labern. Mit ’nem dicken Schlitten von ihren Alten unterm Hintern Bedürfnislosigkeit predigen! Oder sagen, sie machen die Pauker fertig, dabei sind sie so blöd, dass sie die Quetsche sowieso nie schaffen würden. Die Kirschen, die zu hoch hängen, nenn ich sauer, verstehst du? Die haben gut von Verweigern schwafeln, wenn es gar nicht wirklich innerlich von ihnen ausgeht, sondern ’ne Folge von fehlendem Grips ist. Dutzend Beispiele könnt ich dir nennen von den leeren Figuren in der Clique. Anwesende natürlich ausgenommen.“

„Du denkst zu viel!“

„Das geht bekanntlich nicht. Mike, wo gibt es das? Was Tieferes, mein ich, etwas, das hinter unserem Leben steht? Meine Eltern machen alles falsch, das ist klar. Aber die von der Clique sind auch auf dem verkehrten Dampfer. Ich will wissen, wofür es sich lohnt da zu sein.“

„Hoffentlich suchst du dich nicht tot, Karin. Das viele Denken bringt nichts. Du machst dich bloß verrückt. Ändern können wir sowieso nix, das haben schon andere vor uns versucht.“

„Ich will es selbst erfahren“, sagte sie mit trotziger Miene.

Im Sommer trat Karin die Lehrstelle an. Ihre Eltern hatten sich ohne große Fragerei schließlich damit abgefunden. Vielleicht war ja wirklich die Schule mit ihrem Leistungsdruck schuld an der Veränderung ihrer Tochter. Vielleicht würde Karin jetzt wieder umgänglicher werden und sich ihnen gegenüber weniger aggressiv und rebellisch verhalten, so hofften sie. „Wie ist es dir ergangen?“, erkundigte sich Frau Bieber nach dem ersten Arbeitstag. Sie schob Karin ein kaltes Kotelett zu und schaute sie gerührt an. Ihr kleines großes Mädchen im Beruf!

„Es ging so."

„Na wie denn?", drang die Mutter in sie. „Was hast du gemacht? Musstest du einen Brief schreiben oder haben sie dir nur alles gezeigt und erklärt?"

„Ich habe fünf Stunden lang Schriftwechsel abheften müssen. Der Rest der Zeit ging mit 'ner Führung durch verschiedene Abteilungen drauf. Ach nee, Kaffee hab ich auch noch gekocht. Und die Kanne anschließend gespült. Zigarettenholen, Bürofegen und Autowaschen haben sie mir erspart."

Frau Bieber nickte. „Das ist wahr, damit hab ich einen Großteil meiner Lehrzeit zugebracht. Ich hab den Hund vom Chef sogar noch Gassi führen müssen, das stell dir mal vor."

„Drum kannst du dich auch heute so toll wehren gegen alle möglichen Schikanen", erboste sich Karin. „Komisch, dass du aus solchen Erfahrungen nie gelernt hast."

Frau Bieber trat ans Fenster. „Du sprichst immer von Hochgehen und Wehren. Aber selig sind die Friedfertigen, das steht schon in der Bibel."

„Du redest doch Krampf! Ich seh genau, wie selig ihr seid mit eurer Friedfertigkeit, die in Wahrheit nichts als Feigheit und Duckmäusertum ist. Ihr lasst euch vorn und hinten bescheißen und lächelt die noch an, die euch ducken und treten. Bevor ich so leben würde, spränge ich noch lieber von der Brücke."

„Willst du mit deinen sechzehn Jahren behaupten, du besäßest das Patentrezept für alle Lebenslagen?"

„Ich bin ja auch noch auf dem Weg. Aber du und

Papa, ihr tretet seit zwanzig Jahren auf derselben Stelle. Ihr seid wie ausgeleierte Schrauben. Gestern hab ich zufällig gehört, wie du erzählt hast, dass sie dich früher mal auf dem Lastenausgleichsamt wie einen lästigen Bittsteller abgefertigt haben. Auch, dass sie dir dauernd die Arbeit deiner stinkfaulen Kolleginnen aufbrummen, ist typisch!"

„Was ist denn hier wieder los?" Herr Bieber stellte seine Aktentasche ab und schaute unsicher von einer zur anderen. „Man kann draußen jedes Wort verstehen."

„Dann brauchst du auch nicht zu fragen, was los sei. Nichts ist los, das ist es ja gerade!" Karin öffnete die Etagentür und schrie: „Nichts ist los!"

Verschreckt verschwand Frau Gallo mit kaum halb vollem Küchenmülleimer hinter der Kellertür.

„Karin!" Frau Bieber riss ihre Tochter in die Wohnung zurück. „Die Leute reden schon über uns."

Ihr Mann goss sich einen Klaren ein und kippte ihn mit einer geschickten Handdrehung hinunter.

Gluckernd füllte er das Glas ein zweites Mal bis zum Rand. „Was warst du früher für ein liebes, gehorsames Kind. Und jetzt bist du so ein schlechtes Vorbild für deine Schwester!"

„Ja", sagte Karin kalt, „genauso eins, wie du mir immer warst!"

Ihr wurde plötzlich flau im Magen. Sie hatte sich das Kotelett regelrecht hineingewürgt um der Mutter einen Gefallen zu tun. Die flache Hand vor den Mund gepresst, stürzte sie ins Bad.

Karin und der Plakatmaler hatten sich inzwischen einer anderen Gruppe angeschlossen. Sie trafen sich bei einem Jungen, der im Haus der Eltern eine Kellerwohnung mit eigenem Eingang besaß. Karins Bemühen, Menschen zu finden, die ihr Liebe und Anerkennung schenkten, war erfolglos geblieben. Die vielen ungelösten Fragen, die ihr Tag und Nacht zusetzten, schienen sie allein und sonst niemanden zu bedrängen.

„Was für ein zusammengewürfelter Haufen sind wir doch!“, klagte Karin einmal Mike gegenüber.

„Darüber willst ausgerechnet du dich aufregen? Du bist es doch, die dem Egoismus das Wort redet. Egoisten sind Individualisten, mit denen man nun mal schlecht ’ne Einheitsfront bilden kann. Warum richtest du dich nicht endlich in der Clique ein, so wie sie ist? Wir andern tun’s auch.“

„Ihr teilt Hasch und zieht zusammen ’n paar Joints durch, ja und? Ach, lass gut sein, du willst mich nicht verstehen. Vielleicht kannst du’s auch gar nicht. Ich höre langsam auf daran zu glauben, du wärst ein bisschen so wie ich.“ Karin wandte sich ab. Sie schaffte es nicht, sich in der vermeintlichen Freiheit zurechtzufinden. Angst ergriff sie, vor allem vor den eigenen Gedanken. Früher hatte Musik ihr innere Ruhe geben können. Wie lange war das her?

Karin kam von der Berufsschule. Plötzlich stutzte sie. Das war doch … „Hallo, Biggi, Mensch, wir haben uns ja ewig nicht gesehen!“ Die Schulkameradin von damals schlich spindeldünn und wie in Trance an ihr vorbei. Ob es stimmte, was man sich in der Stadt erzählte? Dass sie in Frankfurt gelandet und dort auf harte Drogen umgestiegen sei? Karin lief ihr nach. „Biggi, wo willst du denn hin?"

Mit quietschenden Bremsen hielt ein kleiner Lieferwagen hinter den Mädchen. Biggis Vater sprang heraus und dirigierte seine Tochter heftig auf den Beifahrersitz. Bis jetzt hatte sie kein Wort gesprochen und auch nicht zu erkennen gegeben, ob sie Karin wahrgenommen hatte. Als das Auto sich in Bewegung setzte, starrte Karin in Biggis erweiterte Pupillen. „Tatsache", murmelte sie, „die ist stoned. Aber satt!"

Gegen Abend, als sie die ehemalige Freundin aufsuchen wollte, hatte man Biggi weggebracht. „Biggi ist sehr krank", beschied sie deren Mutter abweisend. „Mehr kann ich dazu nicht sagen."

„Darf ich sie vielleicht später besuchen?"

„Nein, sie ist auswärts in Behandlung."

Karin machte sich nachdenklich auf den Weg. Ihre Zwei in Mathematik, die sie am Morgen in der Berufsschule kassiert hatte, war der Motor dafür gewesen, dass sie sich überhaupt zu diesem Gang aufgerafft hatte. Gab es doch noch etwas, über das sie sich freuen konnte? Sie erinnerte sich nicht, wann sie zuletzt ähnlich unternehmungslustig gewesen wäre wie heute. Biggi war also unter die Junkies gegangen. Berührte sie das? Höchstens am Rande. Sie empfand Verachtung für Biggis Schwäche. So tief würde sie selbst niemals sinken, dass sie nicht immer noch die

Herrschaft behielte über jede Form von Zwang, Trieb oder Sucht. Was der Plakatmaler kürzlich berichtet hatte, ließ sie sich zur Warnung dienen: Bei längerem Gebrauch von Kokain und Speed sehe der durch die schleichende Vergiftung psychotisierte Konsument Würmer und anderes Getier unter seiner Haut umherkriechen. Delirium tremens für Doper? Nein danke.

2

„Ich hab heut Biggi Naumann gesehen. Weiß jemand von euch was Genaueres über sie?"

„Die kannst du gar nicht gesehen haben", widersprach ein Mädchen aus der Clique. „Sie ist seit Wochen auf Entzug."

Karin wollte sich nicht streiten. „Speed?", fragte sie und dachte an die erweiterten Pupillen.

„Die hat zuletzt alles geschossen, was sie kriegen konnte. Viehisch! Wer geht mit zu Andy? Er hat mir gestochen, dass er 'ne Ladung LSD gesichert hat."

Die meisten schlossen sich an.

Mit zwölf hatte Andy die Werkstatt seines Vater in Brand gesteckt, weil er glaubte, dann würden die Eltern sich mehr mit ihm als mit ihrer Möbeltischlerei befassen. Sie hatten nichts begriffen. Seither bekam er manchmal Anfälle, schrie: „Ich verbrenne!" und übergoss sich mit Wasser. Vom reichlich fließenden Geld seiner Eltern gab er Feten, von denen die halbe Stadt sprach. Er versuchte sich die Liebe und Beachtung zu erkaufen, die er zu Hause nicht bekam. In der Schule hatte er zwei Jahre wiederholen müssen und dann aufgegeben. Er wollte nichts davon wissen, einen Beruf zu erlernen und Geld zu verdienen. „Wenn's einem gut geht, muss man's nicht noch besser haben wollen", pflegte er zu sagen. „Wär ja direkt unverschämt, nich?" Sein Zimmer war mit Holz getäfelt. Auf den teuren Paneelen klebten inzwischen Hunderte von Taschenspiegeln. Eine Marotte von ihm. Seine Mutter hatte hysterisch aufgeschrien, als sie das zum ersten Mal gesehen hatte. Da waren's noch nicht halb so viele gewesen! Dem Vater war die Galle übergelaufen. Er hatte einen schweren gläsernen Briefbeschwerer an die Wand geschmissen. Jetzt konnte Andy vor Besuchen aus der eigenen Familie so gut wie sicher sein. „Ist der Ruf erst ruiniert, lebt sich's gänzlich ungeniert", zitierte er oft und gern.

„Wer'n Trip werfen will, muss erst 'ne Zahl sagen." Andy stand mit einem Buch in der Mitte des Raumes und schaute auf die sieben Besucher hinab.

„Was hat 'n Charles Baudelaire mit …?"

Andy zischte ungeduldig. „Du sollst 'ne Zahl nennen, Karin."

„Hundert."

Er schlug den Gedichtband auf und hielt ihr die gewünschte Seite unter die Nase. „Bedien dich."

Karin fischte die winzige Tablette mit dem Fingernagel aus dem Falz. „Du bist crazy, Andy, vollkommen crazy!"

„Sag 'ne Nummer, Mike."

Es zeigte sich, dass sich zwischen sämtlichen Seiten Trips verbargen. Bei Andy gab's keinen Verlierer.

Karin drehte die Musik lauter. Heut war ein guter Tag. In diesem Kreis war sie die Einzige ohne LSD-Erfahrung. Da hatte sogar Mike ihr was voraus. Mike von der Clique war der Schlagwortdrescher: „Mal checken, was Sache ist." „Hemmschwellen davor abbauen, ein User von weichen Drogen zu werden." – „Scheiß auf alle Konventionen!"

Karin rutschte an der Spiegelwand herunter, sah ihre Beine immer kürzer, sich selbst immer kleiner werden und lachte, lachte! Sie konnte überhaupt nicht mehr aufhören. Die anderen mussten unbedingt erfahren, dass in ihrem Kopf eine Windmühle saß, die sich drehte, drehte, drehte. Lachen!, befahl der Kopf. Lach, damit sich die Mühle dreht! Der Bauch tat weh. Aufhören! Du sollst lachen! Ich kann nicht mehr. Lachen! Sie wollte sich den anderen endlich mitteilen. Die mussten das doch wissen mit dem Windrädchen. Alle Muskeln und Knochen im Gesicht, jeder Millimeter Bauch taten weh. Au! Ich will reden! Sie hockte zusammengekrümmt in einer Ecke und lachte immer wieder. Fünf Stunden lang. Am Ende weinte sie. Wie dicht das beieinander lag! Als alles vorbei war, schwor sie sich, künftig bei Joints und Grass zu bleiben. Sie ließ bei Andy eine Handvoll Räucherstäbchen mitgehen und kiffte zu Hause in ihrem Bett, was sie bisher nicht gewagt hatte. Am nächsten Morgen ging sie nicht zur Arbeit. „Ich fühl mich schlecht."

Frau Bieber riss das Fenster auf. „Hast du Räucherkerzen abgebrannt? Oh, ich muss machen, sonst komme ich zu spät zur Arbeit. Koch dir einen Kamillentee, Karin. Gute Besserung!"
„Sag im Büro Bescheid, sonst krieg ich Zoff."

Kaum hatten alle die Wohnung verlassen, machte sich Karin auf den Weg zu Andy. Sie musste sich das Erlebnis von der Seele reden. „Das war gestern Abend mein erster Trip."
„Na und?"
„Ich war heilfroh, als ich wieder davon runterkam."
„Horror, wie?"
„Nee, nicht gerade. Aber ich konnte nicht mehr aufhören zu lachen."
„Kleine Anfangsschwierigkeiten, weiter nichts. Komm rein, ich geb dir was zum Werfen."
Sollte sie wirklich noch einmal ...? „Okay." Schon kurz nach der Einnahme des LSD sah sie diesmal tolle Farben. Die Gitarrenklänge, die aus dem Lautsprecher drangen, wurden eins mit einem Bogen aus Seidenbändern. Der Rhythmus der Musik blähte ein Band nach dem anderen auf, als griffe ein sanfter Wind hinein. Alles war Bewegung und Harmonie. Karin drehte sich im Tanz, der Bogen aus Farbe und Musik nahm sie auf und trug sie fort. Als sie wieder zu sich kam, befand sie sich allein im Zimmer. Sie goss sich Cola ein und beschloss auf Andy zu warten. Dieser Trip hatte ihr einen Blick in andere Sphären geöffnet. Es war also doch nicht nur ein Gerücht, dass Halluzi-

as Bewusstsein erweitern konnten. Plötzlich fiel ass Andy zum Treff in die Kellerwohnung gegan- könnte. Wer die Schule schwänzte oder krank- [illegible] fand sich da schon mittags ein. Sie fuhr mit dem Bus hin.

In der Clique stieß ihr Mitteilungsbedürfnis auf wenig Verständnis. Jeder hatte mit sich selbst zu tun. Es gab, verdammt noch mal, interessantere Fragen als die nach dem Sinn des Lebens. Selbst Mike, der Karin anfangs gern gehabt hatte, reagierte schroff. „Hast du schon mal einen von uns erlebt, der die andern dauernd mit Berichten über sein Feeling schlaucht? Hier ist ein Joint, hau dich nieder und geh allein in dir spazieren. Einmal können wir dich alle am Hobel blasen, das nächste Mal quasselst du uns dumm und dämlich. Immer dieses verflucht Extreme!“

Je mehr Trips Karin warf, desto unruhiger wurde sie. Sie beobachtete sich mit wachsender Sorge. Die unberechenbare Droge LSD brachte sie fast jedesmal an einen Punkt, wo sie sicher zu sein glaubte, nur noch ein Bogen Transparentpapier trenne sie vom Wahnsinn. Angst und innere Unruhe, die sie schon seit Jahren bedrückten, steigerten sich nach jedem Trip noch mehr. Die bunten Räder, die sich beim ersten Mal in ihrem Kopf als Auslöser des nicht mehr zu bremsenden Lachens erwiesen hatten, waren zu einer Tonbandspule geworden. Immer schneller drehte sie sich, bis sie sich – gleich schon musste das geschehen! – überdrehen würde. Mit dem Band würde ihr Leben herausgerissen werden, jetzt, jetzt ... nein! Noch einmal gut gegangen. Wirklich *gut?* Depressionen überfielen sie, als sie erkannte, dass die Wände, die sie mit den Drogen einzureißen oder wenigstens zu verschieben gehofft hatte, dicker geworden waren. Sie bewegte sich ja rückwärts! „Ich werde keine Antwort auf meine Fragen kriegen", sagte sie weinend vor sich hin, „und das, was ich suche, nie finden."

△

Sie blieb jetzt öfter morgens einfach liegen. Pünktlichkeit, Pflichterfüllung, Zuverlässigkeit wurden Reizwörter für sie wie Vaters „Ich hab Familie" und Mutters „Dagegen kann man nichts machen".

„Du warst schon wieder nicht im Büro?" Frau Bieber stand hilflos in der Tür und blickte auf ihre Älteste. „Bleich wie ein Käse und dein Haar sieht stumpf und strähnig aus. Um Himmels willen, Karin, warum lässt du dich so gehen?"

„Diese Dinge sind nicht wirklich wichtig."

„Was ist dir denn überhaupt noch wichtig? Ein junges Mädchen hat adrett auszusehen."

„Wer sagt das, wo steht das?"

„Manchmal denke ich ...", begann Frau Bieber unsicher und brach mitten im Satz ab.

„Ja? Weiter! Was denkst du manchmal?"

„Wenn ich nicht genau wüsste, dass du so weit nun doch nicht gehen würdest, könnte man auf den Gedanken kommen, du wärst süchtig."

„Warum sagst du nicht, dass *du* das denkst?"

„Das hab ich ja.“

„Du hast *man* gesagt. Aber reg dich ab, ich bin nicht süchtig. Bestimmt nicht.“

Aufatmend gestand die Mutter: „Man liest heute so viel über die Drogensüchtigen, da kann's schon passieren, dass man Gespenster sieht.“

„Wieder *man*“, explodierte Karin. „Du bist tatsächlich noch feige vor den eigenen Gedanken!“ Sie höhnte: „Wenn das die Folge eines sogenannten anständigen Lebens ist, will ich lieber mein Leben lang nur mir treu bleiben, auch wenn ich in einem Loch krepieren müsste.“

„Nun schrei doch nicht so!“ Leise schloss Frau Bieber die Tür und horchte auf der Diele, ob etwa Frau Gallo wieder auf dem Mithörposten stand.

Im Büro war vor wenigen Tagen ein junger Volontär aufgetaucht. Mitte zwanzig, Neffe vom Chef.

„Viel im Mund und wenig im Kopf“, beurteilte ihn Karin, als eine ältere Kollegin sie um ihre Meinung fragte.

„Stimmt akkurat. Der soll studiert haben? Doch höchstens Nachtlokale. Der gibt 'ne dicke Welle an, aber was ein Konnossement ist, weiß er nicht. Gestern bat ich ihn eins auszufüllen, weil Sie nicht da waren. Sagt dieser Mensch: ‚Stellt so was nicht die Buchhaltung aus, Frau …?‘ “

Die Tür flog auf. „Einen wunderschönen guten Morgen, meine Damen. Fräulein Bieber wieder da? Was hatten wir denn?“

„Sie auch?“

„Homer ist der, wenn man trotzdem lacht, nicht wahr, Fräulein Bieber? Ha, ha, ha."

„Herr Teppe, ich bin ein Morgenmuffel. Könnten Sie Ihren speziellen Charme nicht woanders versprühen?"

Er schluckte und ging hinaus.

„Na Karin, wenn ihm das mal nicht sauer aufstößt! Vergessen Sie nicht die verwandtschaftlichen Beziehungen hier im Hause."

„Ihnen tut's bloß Leid, dass Sie ihm nicht selbst eins verbraten haben."

„Mit über fünfzig kann ich nichts riskieren. Mich stellt doch keiner mehr ein. Wenn man was zu verlieren hat, ist schlecht aufsässig sein."

„Das Lied kenn ich. Genau darum werde ich niemals etwas zu verlieren haben."

△

Als die Kollegen in die Kantine gingen, setzte sich Karin im Firmenhof auf eine Bank.

„Schon gespeist?"

Sieh an, dachte sie, nicht eingeschnappt? „Nein, Herr Teppe, ich habe keinen Appetit."

„Ich darf?" Schon saß er neben ihr. „Um fünf bringe ich Sie nach Hause. Wenn's recht ist, bin ich dann um halb acht wieder da, um Sie abzuholen. Wir könnten ins Kino gehen."

„Da gibt's bloß Sex, Horror und anderen Scheiß."

„Disco-Fan?"

„Vielleicht."

Sie ließ sich dann nach Hause bringen, weil es bequem war. Und sie stand um halb acht bereit, weil sie Lust hatte alle Hausbewohner einschließlich ihrer Eltern zum Narren zu halten. „Sie hat einen mit einem teuren Sportwagen!“ Wie genau kannte sie die falsche Meute! Allein die verschlagenen Gallos! Die sollten doch alle miteinander zur Hölle fahren.

„Sag Justus zu mir, Karin.“

Teppe hielt sich offenbar für unwiderstehlich. „Wie du meinst.“ Sie grinste. Gleich würde sie ihn ein bisschen schocken, diesen Lackaffen. „Hast du ’n Joint für mich?“

„Muss das sofort sein?“

Nanu? Ein Insider? Eins zu null, du Angeber. „Klar, sonst hätt ich nicht gefragt.“

Er hielt an und drehte ihr eine Haschzigarette. „Bist du etwa auch auf Pille, Baby?“

„Schon möglich.“

„Aber du hast noch nie geschossen?“

„Noch nie.“ Sie inhalierte den Joint auf Lunge. „Du denn?“

„Ich denke nicht dran.“ Er fuhr wieder an. Gelbe Lederhandschuhe, die von den Knöcheln bis zum Handgelenk ausgeschnitten waren. Dicker Ring am kleinen Finger. „Nee, da bleib ich lieber Zuschauer.“

„Und wo?“

„Samstags in der Disco *Frust*. Klingelt’s bei der Adresse?“

„Nie gehört. Weit von hier?“

„Hundert Kilometer. Vierzig Minuten mit meinem

Emdschi. Da kannst du ausgeflippte Leute sehn! Irre, sag ich dir.“

„Nimm mich Samstag mit!“

3

Als die Clique von Karins geplantem Discobesuch hörte, waren die meisten dafür, sich den Schuppen auch mal anzusehen. Sie hatte nichts dagegen, im Gegenteil. Dann war sie mit dem protzigen Justus nicht völlig allein.

Dröhnende elektronische Musik, ein heiserer Discjockey, eine zuckende Lichtorgel im total überfüllten dunklen Saal. Die Gäste hockten gedrängt auf plüschbezogenen Treppenstufen und schlürften Longdrinks. Von der verstopften Tanzfläche verbreitete sich eine Geruchsmischung aus süßem Parfüm und Schweiß.

„Weiter!“ Justus musste laut schreien im Disco-Gedröhn. Karin drehte sich nach den anderen um und winkte ihnen zu. Hinter den Toiletten führte eine Treppe in den Keller.

„Ab ins schummrige Hinterstübchen. O Mann, wie bei den Amis zur Zeit der Prohibition!“, brüllte Andy dicht an Karins Ohr.

Am Ende eines schmalen Ganges lag das Versteck der Junkies. Auf dreißig Quadratmetern saßen mehrere Dutzend junger Leute. Sie hatten sich Decken auf die Erde gelegt. Einige meditierten, andere diskutierten, eine kleine

Gruppe dämmerte vor sich hin. In einer Ecke sang ein Farbiger zur Gitarre. Karin stand unter dem Einfluss eines Weckmittels, das ihr Justus gegeben hatte. Die Tabletten sollten angeblich die Leistungsfähigkeit steigern. „Dir fehlt der Mumm, Baby!“ In der Tat fühlte sie sich aufgekratzt wie früher nach einem starken Kaffee. Sie sah die abgerissenen, ausgemergelten Typen durch eine rosarote Brille und wünschte sich plötzlich zu ihnen zu gehören. Dass es Justus und ein paar andere zurück zur Musik zog, interessierte sie nicht. Sie beobachtete die diskutierende Gruppe. Etwas in ihr sagte ihr, von hier müsse das Heil kommen. Die Typen standen über den Dingen; die nervte nichts mehr. Lebendig gewordene Traumfiguren.

Als die Amphetamine nicht mehr wirkten, wurde Karin wieder von quälenden Selbstzweifeln befallen, die ihr auch körperlich dermaßen zusetzten, dass sich ihr Magen umstülpte. Depressionen wie nach der Wirkung von LSD quälten sie. Andy verhandelte auf der Treppe mit einem Dealer. Sie flehte ihn an: „Bitte, fahr mich nach Hause. Ich kann nicht mehr.“

„Du bist doch mit dem Geldtypen gekommen.“

„Lass mich mit dir zurückfahren.“

„Okay. Ich trommle die Clique zusammen.“

Karin zog sich am Geländer hoch. Nur raus hier! Da stieß sie jemand zur Seite, drängte vorbei und verließ fluchtartig das Lokal. Karin folgte dem rücksichtslosen Kerl ebenso neugierig wie wütend. Auf dem Parkplatz stürzte er in ein schrottreifes Fahrzeug, das unverschlossen da stand, dann flackerte ein Kerzenlicht auf. Der hängt an der Nadel!, dachte sie. Was für ein Schwächling! Es überstieg ihr Vorstellungsvermögen. Konnte ein Schuss für jemanden so dringend nötig sein, dass er nicht einmal die einfachsten Sicherheitsmaßnahmen beachtete?

Nach wenigen Minuten stieg er aus dem Auto und ging auf die hell erleuchtete Diskothek zu. Karin folgte ihm wie unter einem Zwang. Ein schmaler dunkelhaariger Junge mit einem Gesicht wie ein Bilderbuchprinz. An der Tür holte sie ihn ein. Sie blickten einander an. Sekundenlang. Er lächelte. Da drängte die Clique aus dem Lokal. Karin stolperte mit den anderen vorwärts.

„Nächsten Samstag wieder hin!" Das war das Einzige, was ihr vom Gespräch der Freunde während der Rückfahrt in Erinnerung blieb. Die Begegnung mit dem hübschen Fixer schob sich vor alle Bilder dieses Abends.

△

„Gut, dass du schon mit den anderen zurückgefahren bist", bedankte sich Justus am Montagmorgen. „Ich hatte ein Klasse-Weib aufgerissen, da hättest du mit deiner Anwesenheit die Sache unnötig kompliziert."

„Bevor du zugibst, dass dich ein Mädchen sitzen gelassen hat, hängst du dich lieber auf."

„Was willst du? Die Weiber stehn eben auf mich."

„Ich nicht."

„Du wirst noch gekrochen kommen, Baby, so wahr ich lebe!"

„Ich hab jetzt keinen Bock mit dir zu diskutieren."

Verächtlich warf er ihr ein Röhrchen Tabletten auf den Schreibtisch. „Tu was für deine Stimmung, Baby."

Am nächsten Tag wurde sie in eine andere Abteilung versetzt. Obwohl das während der Lehrzeit mehrfach passiert und eigentlich ganz normal war, glaubte sie, dass der parfümierte Goldneffe seine Hand im Spiel habe. Na, wenn schon. Ein Tag im Bett war ohnehin wieder einmal fällig.

„Karin, du fehlst zu oft. Sie werden dich eines Tages rausschmeißen." Frau Bieber stellte zwei belegte Brötchenhälften zurück in den Kühlschrank. Sie ließ sich nicht davon abbringen, abends irgendetwas Besonders vor ihrer Ältesten aufzubauen. Einmal musste die Appetitlosigkeit doch ein Ende haben. Das war ja nicht normal, dass ein junges Mädchen auf gar nichts Lust hatte, weder auf Frankfurter Würstchen noch auf Schwarzwälder Kirsch. „Und immer fehlst du gerade so lange, dass du kein Attest brauchst. Das muss die einfach auf den Gedanken bringen, du simuliertest. Entweder man ist krank, dann aber richtig und mit ärztlicher Bescheinigung, oder man ist gesund, und dann hat man auch zur Arbeit zu erscheinen."

„Man, man, man! Mir ist scheißegal, was man ist und hat und tut. Wenn mir nicht gut ist, bleib ich zu Hause."

„Dann geh zum Arzt und lass ihn feststellen, warum du dauernd malade bist. Du könntest dir auch mal das Haar schneiden lassen."

„Den Dreck werd ich tun."

„Wo gehst du denn wieder hin? Tags im Bett und abends ausgehen, das kann man nicht machen, Karin!“

„Ich schon.“ Sie klopfte der elfjährigen Schwester auf den Hinterkopf. „Iss brav, dass du dick und fett wirst, und lass dir den Kopf nur immer schön kurz scheren, dann kriegst du auch keine Läuse.“

Diese Unruhe! Wenn die nicht wäre und nicht die Angst vor der nächsten Minute, es wäre alles halb so schlimm. In nichts einen Sinn sehen können! Konnte ihr nicht wenigstens eine dickfellige Gelassenheit geschenkt werden? Geschenkt? Von wem? In ihrem Inneren ratterte ein Pressluftbohrer. Nadeln piekten in der Wade und im nächsten Augenblick auf dem Augenlid. Es juckte überall, aber wenn sie sich kratzte, ließ es nicht nach. Nervös oder wahnsinnig? Darüber wollte sie nicht mehr rätseln. Sie schüttelte ein Tablettenröhrchen. Es war leer. Jemand in der Clique würde schon aushelfen.

Karin lief zum Treff in der Kellerwohnung. „Ich brauch ’n paar Valium, Mike.“

„Denkt es wieder in dir? Frag Andy. Ich hab nichts.“

„Du warst gestern nicht hier, Mike. Wir haben beschlossen Samstag zu schießen. Die andern wollen’s tun um mitreden zu können. Für mich ist es mehr. Genau gesagt: der letzte Versuch.“

„Dass du nicht längst drauf gekommen bist“, sagte Mike mit beißender Ironie. „Vielleicht machst du dir aber vorher klar: ein bisschen schwanger, das gibt’s nicht, und ein bisschen abhängig ebenso wenig.“

„Süchtig werden nur Labile. Zu den Typen gehör ich

nicht.“ Sie ließ Mike stehen. „Andy, ich bräuchte mal Haldol oder Valium. Übrigens, hast du bei dem Dealer letzten Samstag Äitsch bekommen?“

Andy klappte die Fußleiste um, holte ein Tablettenröhrchen hervor und warf es Karin zu. Er schüttelte den Kopf. „Der Pusher war mir zu teuer. Wollte ’n Hunderter für ’n halbes Gramm. Ich versuch’s bei ’nem andern.“

„Nee, Leute.“ Der Plakatmaler stand auf. „Shit rauchen – okay. Ab und zu ’n Trip, auch in Ordnung. Aber wenn ihr euch jetzt an die harten Sachen ranmacht, bin ich weg.“

Andy klopfte ihm kameradschaftlich auf den Oberarm. „Musst alles mal mitgemacht haben, Kumpel. Wer möchte nicht von bunten Schmetterlingen das Fliegen lernen?“

„LSD ist ’ne Drahtseilnummer ohne Netz. Weiter steig ich in die Scene nicht ein.“

Mike als einsamer Mahner, und sie in völliger Übereinstimmung mit den Übrigen? Karin verdrängte rasch die aufkeimenden Zweifel. Sie verdankte Mike nützliche Freundschaftsdienste. Aber wirklich verstanden hatten sie einander nie. „Wir steigen Samstag jedenfalls ein, Mike“, versicherte sie. „Und wenn es am neuen Ufer besser ist als hier, holen wir dich nach.“

„Ihr seid doch verrückt! Ich schnippele die Fotos von den Rauschgift-Toten aus den Illustrierten und schick sie euch! Ihr könnt euch das Klo schon mal aussuchen, auf dem ihr nach dem Goldenen Schuss krepiert. Woher wollt ihr wissen, was ihr euch reinhaut? Die Mischung aus Kokain und echtem Heroin *kann* tödlich sein. Von der

Kombination aus Koks und synthetischem Äitsch gebt ihr garantiert den Löffel ab.“

„Schon was von Aussteigen gehört?“, fragte Andy. „Junge, vermies uns die Probefahrt nicht.“

Der Sog der Clique erwies sich als stärker: Mike blieb.

Als sie die Diskothek betrat, entdeckte Karin einen Jungen aus ihrer ersten Haschisch-Clique, einen ehemaligen Freund von Ulli. Sie hatte davon gehört, dass er seit langem an der Nadel hing. Vielleicht sollte sie ihn fragen, ob Heroin … Ach was, es kam doch nur auf ihr eigenes Urteil an. „Hallo, Ingo. Du, ich brauch ’n Tipp von dir. Bring mich in Kontakt mit ’nem sauberen Dealer, der nicht mit Strychnin streckt.“

„Die wollen doch alle ihren Schnitt machen. Aber komm schon, ich zeig dir einen.“

Karin war vor Aufregung nass geschwitzt. Wenn alles gut ging, würde sie in wenigen Minuten wissen, ob es ein Mittel gab, das sie wirklich mal auf einen Super-Super-Trip brachte. Mit der stets gegenwärtigen Angst wollte sie nicht weiterleben. Mehr als einmal hatte sie nach einem Horrortrip mit den zwanzig Schlaftabletten gespielt, die sie bei ihrer Oma hatte mitgehen lassen. Aber seltsamerweise war das Quentchen Hoffnung doch jedesmal noch mächtiger gewesen als der Wunsch, Schluss zu machen.

„Geh zu dem grauen VW-Bus mit den Gardinen. Ich bin gleich da“, sagte der Händler, der höchstens neunzehn Jahre alt war.

Karin zwang ihr Beine vorwärts. Ihr wurde schwindlig; sie riss sich zusammen.

„Na los, steig ein."

„Was nimmst du für einen Schuss?" Sie öffnete ihr Portemonnaie.

„Achtzig Mäuse. Schnall dich an. Eher fahr ich nicht los." Erstaunt schaute Karin den Fahrer an. „Ich halte was von Rückversicherung", grinste er und brauste davon. In einem Waldstück parkte er. „Ist das etwa dein erster Schuss?"

Ein schräger Blick. Jetzt kam's drauf an. „Wie kommst du auf die Idee? Nein!"

„Okay. Dann hättest du dir nämlich 'n andern suchen müssen. Das Risiko mit 'nem Anfänger geh ich nicht ein."

„Von wegen der Rückversicherung?" Nervöses Kichern.

„Genau. Wie viel brauchst du?"

Woher soll ich das wissen, dachte sie. In ihrem Kopf hämmerte es. Schweiß tropfte kitzelnd von der Achsel zur Hüfte. „N-na, normal eben."

„Okay, ich mach dir 'n schönen Schuss zurecht."

„Du … ich zitter so. Kannst du … ich meine, würdest du das für mich machen?"

Er musterte sie misstrauisch.

Sie versuchte ein Lächeln. Glaubte er ihr wieder nicht? „Man kann den Arm verlieren, wenn man … durch Zittern … danebenschießt."

„Das kann dir bei Barbituraten und ‚Berliner Tinke' passieren. Nicht bei echtem H. Aber egal, ich mach's." Er holte einen verräucherten Löffel hervor. Maß auf einer

Briefwaage ein halbes Gramm weißes Pulver ab, das er mit dem Zeigefinger aus einem Plastikdöschen klopfte. Tat Wasser dazu. Hielt den Löffel über eine Stövchenkerze. Zog eine Spritze auf, band Karins Oberarm ab, stach in die Vene in der Armbeuge, zog Blut, drückte ab …

Sekunden später löste eine geheimnisvolle Kraft den Krampf in jedem einzelnen ihrer verspannten Muskeln. Wohlige Wärme fegte alle Ängste und Depressionen fort. Karin hatte das Gefühl in eine Wattewolke hineingeflogen zu sein. Was immer jetzt von außen kommen würde, es müsste zwangsläufig an der Watte abprallen oder in ihr versickern. Der Dealer räumte zusammen und fuhr zurück. Er hatte noch mehr Kunden …

Karin stieg aus und umarmte die Bäume. In ihrem Innern war es tröstlich still. Kein Pressluftbohrer ratterte hinter ihrer Schläfe. Sie faltete die Hände hinter einer jungen Buche, schloss die Augen und erlebte Blätterrauschen und Discomusik ganz neu, wie zärtliches Flüstern. Eine Ruhe senkte sich in ihr Herz, wie sie sie immer gesucht und ersehnt hatte. Ja, als der Junge abgedrückt hatte, war eine warme Woge durch ihren Körper geströmt, hatte jeden Winkel erfasst und zuletzt den Kopf. „Ein wahnsinnig gutes Gefühl!“, wiederholte sie leise immer wieder. Bis sie sich an dem Wort *wahnsinnig* stieß. Bei Hasch und LSD konnte es vorkommen, dass sie Halluzinationen bekam, nicht mehr wusste, was real war und was Wahn. Bei Heroin behielt man einen klaren Kopf. Ziemlich klar jedenfalls.

Schade, dass jetzt nicht der hübsche dunkelhaarige

Junge bei ihr war. Er hätte diesem Abend das Highlight aufgesteckt. Sie ging in den Keller zu den Ausgeflippten, aber sie konnte ihn auch dort nirgends finden. So lauschte sie fasziniert einem kahl geschorenen Krankenpfleger, der wie die meisten Zuhörer lange mit LSD experimentiert hatte. Er schwor jetzt auf die Lehre eines Guru, zitierte aus seinen Büchern und überzeugte Karin nach weniger als einer Stunde, dass der Hinduismus für leidenschaftlich Fragende eine Antwort bereithalte. „Das hab ich immer gesucht. Wo kann ich mehr darüber erfahren?"

„Komm nächsten Samstag wieder."

△

Abends um acht hatte sie ihren ersten Schuss gehabt. Als sie um Mitternacht zurückfuhr, fühlte sie sich immer noch wie in Watte gepackt. „Ich hätt nie für möglich gehalten, dass es so ein tolles Feeling gibt. Wie ist das bei euch?"

„Phantastisch."

„Wirklich prima."

„Ich hab nicht gedrückt", sagte Andy. „Bei mir war's mal wieder so weit."

Ein Junge berichtete: „Als er *Ich verbrenne* schrie, hat das kein Aas gestört. Ich hab ihn schnell auf die Toilette verfrachtet, weil da Wasser war. Aber am Waschbecken hing ein chronischer Speed-Drücker und kotzte wie 'n Reiher."

Karin legte ihren Arm um Andys Schulter. „Ich hätt dir die Spritze so gegönnt. Stell dir vor, ich bin zum ersten Mal seit Jahren aus meiner Unruhe raus."

„Ich hab 'n halbes Gramm gekauft. Wenn mir danach ist, setz ich mir 'n Schuss."

Am nächsten Morgen fühlte sich Karin normal. Sie hatte Übung im Selbstbeobachten und erklärte ihrem Spiegelbild laut: „Da war nichts. Dir kann also nichts passieren. Du wirst nicht abhängig." Mit seltsamer Gelassenheit nahm sie die Unruhe und Angst zur Kenntnis, die sich ihrer wieder bemächtigt hatten. „Guten Tag, Freunde." Was für eine sichere Hoffnung auf Hilfe gab es seit Samstag! Wenn sie aus ihren Depressionen raus wollte, brauchte sie ja nur das Wochenende abzuwarten.

Die Fahrt in die Diskothek wurde bald zur Gewohnheit. Und einmal ereignete sich das lang Ersehnte. Sie sah den Jungen wieder, dessen Bild sich ihr bei jener ersten Begegnung eingeprägt hatte. Er schien wie sie gerade gedrückt zu haben, als er im Saal plötzlich vor ihr stand. Glücklich und gelöst wirkte er und froh, sie zu sehen. Er tanzte mit ihr und sie küssten sich. Sie gingen ins Freie.

„Bist du allein hier?", fragte er.

„Nein, ich gehör zu 'ner Clique."

„Was sind das für welche?"

„Freunde halt. Nichts Ernstes."

„Wirklich nicht?"

„Ehrenwort."

„Ich will dich."

„Seit wann?"
„Seit ich lebe."
„Du Verrückter! Wie heißt du überhaupt?"
„Henning."
„Ich bin Karin."
„Was machst du so?"
„Beruflich? Lehre als Industriekaufmann."
„Ich hab mal 'ne Ausbildung als Technischer Zeichner angefangen. War nichts. Im Augenblick jobbe ich nur, wenn ich Moos brauch."
„Als was denn?"
„Beifahrer in 'ner Spedition. Die werden immer gesucht. Musst nur schwer wuchten können, deshalb ist das auch auf Dauer kein Verein für mich."
„Von der Hand in den Mund, wie? Find ich echt riesig."
„Knall dich hinten auf mein Moped. Ich fahr dich nach Haus."
„Die alte Mühle da hinten gehört nicht dir?" Sie zeigte auf das Auto, in dem er einmal gespritzt hatte.
„Nee, aber ich kenn den Besitzer. Er dealt 'n bisschen, damit das Möhrchen läuft."

Nur sechs Wochen lang hielt sich die Clique an den Samstags-Turn. Dann flogen Andy und ein Mädchen eines Tages nach Berlin, kauften zu günstigen Discountpreisen zwanzig Gramm Heroin ein und versorgten sich und die anderen nun auch wochentags mit Stoff. Irgendwann verloren sie den Überblick über ihren Konsum. Noch spielte

Geld keine Rolle; wer gerade flüssig war, und das traf am häufigsten auf Andy zu, kaufte ein und teilte mit den Freunden. Von Geschäft war nicht die Rede. Dann kam jener 18. April, der fast alles verändern sollte.

Es war Karins Geburtstag. Sie ging nicht zur Arbeit, denn sie hatte sich für den Morgen mit einigen von der Clique verabredet. Die Eltern im Büro, die Schwester in der Schule, da konnte sie mit den Freunden ein paar Stunden Highlife machen in den eigenen vier Wänden. Ihre Oma hatte vor Tagen Geld geschickt, reichlich, denn „mit achtzehn überschreitet man die Schwelle zum Erwachsensein, liebe Karin. Erfülle dir einen lang gehegten Wunsch." Das hatte sie getan. Einen Fix für jeden Gratulanten, dazu allerlei süßes Knabberzeug, auf das alle standen, seit sie User waren und auf nichts mehr so recht Hunger hatten. Die Ersten trudelten ein.

„Wo bleibt Andy?" Seine Ideen zündeten am besten, er war bei aller Verrücktheit der King.

„Wir wollen mit dem Drücken warten, bis er da ist."

Strenge Einnahmeriten halfen das Zusammengehörigkeitsgefühl zu stärken. Schließlich wurden zwei losgeschickt Andy zu holen. Sie kamen nicht wieder.

„Kann man nichts machen. Vielleicht ist er krank. Verlegen wir die Feier eben in sein Spiegelkabinett." Karin stopfte alles in Plastiktüten.

Da läutete es Sturm.

Die bleichen Gesichter der Ankommenden spiegelten ihr Entsetzen wieder. „Andy ist tot."

„Mach kein'n Scheiß, Mann."

„Gestern Abend soll es passiert sein. Ich kenn 'nen Zeitungsfritzen. Der hat uns gestochen, dass Andy Türken-Äitsch geschossen hat. Dreimal härter als die Hongkong-Rocks. Er weiß es von der Kripo."

Minutenlang waren alle wie gelähmt. Karin packte die Tüten aus und ein um die zitternden Hände zu bändigen. Sie wandte sich ab, damit die anderen ihre Tränen nicht sahen.

Mike, der sonst so Beherrschte, heulte auf: „Jetzt bin ich endgültig draußen, das schwör ich! Hab ich euch nicht vor Monaten gesagt, wohin das führt? Verdammt noch mal, er war ein feiner Kerl!" Mike trat zwei Stühle um und verließ die Wohnung.

Ein anderer Junge überspielte sein Entsetzen durch überlaute Geschäftigkeit. „Wir dürfen uns eine Weile nicht zusammen blicken lassen. Anzunehmen, dass die von der Drogenfahndung bei Andys Freunden noch mehr von dem Stoff vermuten. Versteckt euer Zeug für 'ne Weile besser als sonst. Im Knast sieht's finster aus."

Sie gingen alle. „Tut uns Leid für dich, Karin. Ausgerechnet an deinem Geburtstag ..."

4

Karin hockte zusammengesunken auf einem Stuhl. Hinter der Schläfe klopfte der bekannte Schmerz in rhythmischen Intervallen. Dazwischen kroch ein dumpfes Gefühl von Leere in ihr Bewusstsein, das sie schaudern machte. Andy war tot! Wenn sie früher mit dem Gedanken gespielt hatte einzuschlafen, um nie mehr aufzuwachen, dann war das ihr eigener Wille gewesen. Aber wenn der Tod neben ihr zuschlug und einen Jungen traf, der sein Leben lang zu kurz gekommen war, der – warum hatte sie ihm das nie gedankt? – immer nur gegeben hatte, dann war das ein Ohnmacht und Angst erzeugender Beweis von Ausgeliefertsein, ja, schlimmer noch, von Dahingetriebenwerden. Ihr Erschrecken über Andys Tod durfte nicht ohne Konsequenzen bleiben! Mike hatte spontan reagiert. Sie glaubte ihm den Absprung. Karin drückte ihre Daumen gegen die Nasenwurzel, das dämpfte den heftigen Schmerz ein wenig.

Hatte sie denn überhaupt noch die Möglichkeit ohne Betäubungspillen und Rauschmittel zu existieren? Ihr Interesse an sich und die Auseinandersetzung mit der eigenen Person waren in den letzten Wochen einem zerstörerischen Selbsthass gewichen, und zwar genau seit dem Tag, als sie erkannt hatte, dass sie allen großen Worten zum Trotz dem Gift gehörte und nicht umgekehrt das Heroin ihr. Wie könnte ihre Reaktion aussehen? Welche Alternativen gab es? Aufhören, falls die Schmerzen sie dann nicht um den Verstand bringen würden, oder Andy folgen, solange sie noch Entscheidungsfreiheit besaß. Sie musste mit Henning sprechen!

Ein Schlüssel wurde von außen ins Schloss gesteckt. Die kleine Christine kam herein. Karin riss die Tüte mit dem Stoff an sich. „Was machst du denn schon hier?“

„Wieso? Ich hab jeden Dienstag nach der vierten Stunde Schluss. Was ist denn in den Tüten? Alles Geschenke?“

„Tine, ich muss dringend telefonieren. Geh zehn Minuten raus, damit ich Ruhe hab, okay?“

Wie toll sie aussah, die große Schwester. Dieses lange dunkle Haar, und solche saloppen Oberhemden als Blusen, und wie frech die zu Papa und Mama sein konnte. „Meinetwegen. Darf ich dann auch nachgucken, was in den Tüten ist?“

„Ja, ja.“ Mit beiden Armen schob Karin die Kleine zur Tür. Her mit dem großen Telefonbuch! Was hatte er ihr gesagt? Nur im Notfall, Karin. Du musst wissen, meine Mutter ist in Sachen Mädchen ... na, sagen wir mal ’n Happen schwierig. „O Henning, gut, dass du da bist! Können wir uns sofort sehen? Es ist sehr, sehr wichtig.“

„Tag, Karin. Das ist ’n schlechter Termin, würd ich sagen. Siehst du, ich hab vor einiger Zeit den Führerschein gemacht und vorhin konnt ich ihn mir abholen, weil ich heut achtzehn geworden bin. Meine Mutter hat ’ne alte Kiste angeschafft und will natürlich spüren, wie sie rollt.“

„Was? Du hast heute Geburtstag? Herzlichen Glückwunsch.“

„Danke. Ist daran was komisch?“

„Ich werde heute auch achtzehn.“

„Das gibt’s doch nicht! Grüß dich, Zwilling, ich gratuliere.“

„Henning, hör zu, weshalb ich anrufe. Du hast doch neulich den Andy kennen gelernt. Er ... er hat sich gestern Abend ...“

„Was ist denn? Weinst du etwa?

„Andy ist tot“, schluchzte sie. „Du musst kommen. Du musst!“ Sie warf den Hörer auf die Gabel.

△

Henning kam wirklich. Karin stand wie verloren auf dem Bürgersteig, als er in ihre Straße einbog. „Schnell, steig ein! Ich steh im Halteverbot.“ Er küsste sie auf die Wange und fuhr eilig an. „Das mit unserem Geburtstag ist ja ’n echter Hammer, was? Sind wir also beide Widder. Realistische Menschen mit kompaktem Tatendrang, im Kern sensibel, als Freund stets hilfsbereit und nicht nachtragend. Liest mir meine Mutter jedes Jahr zum Geburtstag vor, damit ich endlich das aus mir mache, was angeblich in mir steckt.“

„Bieg in die nächste Straße ein. Die führt zum Friedhof. Auf dem Parkplatz sind wir ungestört.“

„Der Abgang von Andy muss ’n Schock für dich sein, klar. Ich hab auf die Weise schon zwei Freunde verloren.“

„Henning, liebst du mich?“

„Weißt du doch.“

„Dann sag es.“

„Na schön: Ich – liebe – dich.“

„Henning, ich finde keinen Ausweg. Ich zermartere mir den Kopf. Ohne Stoff bringen mich die Schmerzen um und mit Heroin setz ich mir bestimmt beim nächsten Mal den Goldenen Schuss.“ Sie zitterte stark und klammerte sich an ihn.

„Seit wann hast du nicht mehr gedrückt?“, fragte er.

„Mehr als zwölf Stunden bist du auf jeden Fall ohne, so wie du schlotterst."

„Ich will nicht mehr", sagte sie matt.

Er lachte kurz auf. „Ich hab bisher viermal Cold Turkey entzogen, weil mir vorübergehend Moos fehlte. Nicht mal 'ne halbe Tablette hatte ich zum Lindern. Jetzt bist du raus, dachte ich. Aber jedesmal bin ich bei der erstbesten Gelegenheit rückfällig geworden. Anders ist es doch auch gar nicht auszuhalten."

„Ich hab genügend Schlaftabletten. Wir können in den Wald fahren und gemeinsam Schluss machen."

Er stieß sie zurück. „Ich träum manchmal davon, die Scheiße hinter mir zu lassen. Aber ich war nie ein Held! Wenn uns ein Goldener Schuss in die Wunschlosigkeit schickt ... Wo wäre schließlich kein Risiko? Aber Selbstmord? Davon will ich nichts wissen. Ein für allemal."

„Es wär ja auch zu schön um wahr zu sein, wenn es in dieser miesen Welt so was wie Liebe geben würde."

Henning schüttelte sie heftig. „Mit dir zusammen krepieren, das nennst du Liebe?"

Karin heulte auf. „Du weißt ja nichts und begreifst nichts! Ich hab deinetwegen angefangen zu drücken. Ich wollte dich rausholen aus der Scene, indem ich dir vormachte, dass ich von heute auf morgen aussteigen kann."

Er lächelte ungläubig. „Mach dir nichts vor, Mädchen, du hattest persönliche Gründe. Aber nehmen wir ruhig an, du hättest mich retten wollen. Dann verlangst du jetzt, dass wir zusammen sterben sollen? Wie geht denn das zusammen?"

Sie wischte ihre Tränen ab. „Warum bist du an die Nadel geraten?"

„Ja, warum?", wiederholte er nachdenklich. „Mein Alter hat meine Mutter und mich sitzen lassen, als ich drei war. Meine Mutter flucht seitdem auf ihn und wird nicht damit fertig. Ich erinnere sie an ihn und dafür hasst sie mich. Aber weil ich nun mal der einzige Mensch bin, den sie hat, versucht sie mit allen Mitteln mich an sich zu ketten. Sie droht, sich umzubringen, wenn ich gehe. Da bleibt mir doch nur noch der Stoff, oder was sonst?"

„Deine Mutter ist mir wohl immer einen Schritt voraus. Tut mir Leid, dass ich dein zweiter Grund zum Fixen bin."

„Ach was! Ich hab dich gern und will dich nicht verlieren. Du siehst heute alles wegen der Sache mit Andy total verdreht. Ich sag dir was, Karin. Ab heute drücken wir nur noch, wenn wir zusammen sind, das bindet. Sag ja!"

„Heroin statt Liebe? Ich höre auf."

„Womit?"

„Mit allem." Sie stieg aus und er ließ sie gehen. Mit aufjaulendem Motor brauste er an ihr vorbei.

Karin hatte die Kellerwohnung, ihren bekannten Treff, schon fast erreicht, als sie sich an die Abmachung erinnerte sich für eine Weile nicht zusammen blicken zu lassen. Unentschlossen stand sie herum. Hitze- und Kälteschauer, Zittern und Gänsehaut – der Entzug wurde immer schlimmer. Seit sie allein war, schienen Kraft und

Wille zum Aufhören wie weggeweht. Sie musste einen finden, der sie abzog. Denn sie hatte sich noch nie selber gespritzt. Sie entdeckte ein Telefonhäuschen und beschloss jemanden aus der Clique anzurufen.

„Hallo, wie geht's?“, ertönte da plötzlich hinter ihr eine kühle männliche Stimme.

Karin ließ die Tür der Telefonzelle vor Schreck wieder los und starrte ihr Gegenüber an. „Ulli? Ich hätte dich bald nicht erkannt. Seit wann bist du denn wieder hier?“

„Zwei Monate oder so. Hab schon von Ingo gehört, dass du unter die User gegangen bist.“ Er musterte das Mädchen eine Weile schweigend. „Bist übel dran, Kleines. Komm mit, wir feiern Wiedersehen.“

Er nahm sie mit in seine Wohnung. Als er abgedrückt hatte und sie sich eigentlich euphorisch hätte fühlen sollen, verursachte die schlagartige Erkenntnis ihrer Schwäche nichts als Brechreiz.

„Bleib heute Nacht hier“, lud er sie ein. „Wenn du gleich ganz okay bist, fahren wir zum Hauptbahnhof und kaufen uns 'n bisschen Vorrat, damit du so bald nicht wieder 'n kalten Turkey kriegst.“

„Eigentlich wollt ich aufhören. Aber Entzug ist echt grausam.“

„So weit darfst du es gar nicht kommen lassen. Immer schön regelmäßig drücken, dann gibt's auch keinen Katzenjammer. Nur sechs Prozent unserer Gesellschaft halten's ohne Suchtmittel aus und leben ohne Alkohol, Tabletten, Drogen, Zigaretten. Warum willst gerade du zur Gruppe der langweiligen Abstinenzler zählen?“

„Heroin hat mir die ersten fünf Nadeln richtig was Riesiges gebracht. Inzwischen häng ich an dem Zeug und krieg nichts dafür zurück. Nichts! Hörst du? Wenn ich nicht mehr drücke, mach ich vielleicht eines Tages wegen meiner Schmerzen und dem ganzen Scheiß 'nen freiwilligen Abgang. Aber dann hätt ich wenigstens die Achtung vor mir behalten. So bleibt mir nichts."

„Ganz falsch liegst du nicht", räumte er ein. „Aber warte mit dem Absprung wenigstens, bis du mit dem Feeling 'n bisschen besser dran bist. Wir werden in nächster Zeit sehen, wie's mit uns läuft. Vielleicht geht's dir bald prima. So wie mir."

„Wieso geht's dir eigentlich so stark? Du hängst doch auch an dem Zeug?"

„Ich hab's aber im Griff. Was der Körper braucht, geb ich ihm reichlich, das ist das ganze Geheimnis. Turkey lass ich gar nicht kommen. Ich arbeite seit acht Wochen im Architekturbüro meines Bruders, hab dadurch Kies und kann mir den nötigen Stoff besorgen. Guck mich an. Ich bin okay."

Karin wusste, dass er nicht die volle Wahrheit sagte. Der war doch viel zu clever um sich kampflos mit seiner Sucht arrangiert zu haben. „Es fing alles so harmlos an", erinnerte sie, „vor Jahren mit meinem ersten Zug an deinem Joint. Seitdem bin ich eigentlich ständig auf der Suche nach dem echten Stoff gewesen."

„Leben lernen, Karin, heißt vor allem, sämtliche unerquicklichen Erinnerungen zu verdrängen. Wichtig ist nur, dass es dir heute gut geht. Was morgen sein wird, soll dich doch erst morgen jucken. Erst morgen! Jeder Tag hat seine eigenen Probleme."

„Und wenn ich so denke, kann ich es ertragen?"

„Ich garantiere es dir."

„Heut hab ich zwei Menschen verloren und einen wiedergefunden."

„Nur an den wiedergefundenen denken", sagte Ulli und zog sie hoch. „Come on, Zeit für meinen Lieblingsdealer. Auf geht's, Kleines."

Karin blieb nicht bei ihm in dieser Nacht. Aber als sie ging, allein wie damals nach der Fete, auf der sie sich zum ersten Mal geküsst hatten, da war ihr doch, als bedeute dieser Tage eine Wende zum Guten. Zurück zu den Anfängen, war das nicht ihr Wunsch gewesen? Andy und Henning als Episoden abhaken, sich das Rückwärtsdenken genauso verbieten wie das Grübeln über die Zukunft, in sich hineinhorchen und ausrufen: Schluss mit dem Dropping-out, mit der Passivität und dem Desinteresse. Jetzt war Ulli da; er setzte die Maßstäbe für sie beide.

△

Trotz der späten Stunde warteten ihre Eltern auf sie.

„Karin, sag mal, hast du es auch schon gehört mit Andy Löser? Dass er tot ist? Ihr kanntet euch doch näher, nicht? Wir sitzen schon den ganzen Abend hier und warten auf dich um ein Glas Wein auf deinen Geburtstag zu trinken. Aber du kommst und kommst nicht. Ich sagte schon zu Papa, du würdest dich bestimmt mit ein paar Freunden über die schreckliche Geschichte unterhalten."

Der Vater reichte ihr ein Glas Bordeaux. „Da wird die Tochter achtzehn, und man muss von Glück sagen, wenn man sie nach Mitternacht endlich zu sehen kriegt. Ich gratuliere dir.“ Er schabte mit einem Schnapsgläschen an ihrem Weinglas hoch und kippte den Inhalt.

„Danke, Papa. – Ja, das mit Andy weiß ich.“

„Er soll drogensüchtig gewesen sein. Die armen Eltern! Er war ihr einziges Kind!“

Karin nippte lustlos an ihrem Wein.

„Von der Biggi Naumann erzählt man das ja auch“, fuhr die Mutter fort, „dass sie was mit Rauschgift zu tun haben soll. Aber ich glaube das einfach nicht. Du warst doch mit ihr befreundet, du müsstest das doch wissen.“

„Sicher. Ich geh jetzt schlafen.“

„Du hast doch den Wein noch nicht ausgetrunken.“

„Gib ihn Papa. In den passt was rein. Nacht.“

Der Vater antwortete nicht.

„Gute Nacht, Karin“, erwiderte die Mutter den Gruß. „Sie hat Recht, Jürgen, du trinkst wirklich zu viel.“

Der Vater schaute auf seine Hände.

△

Seit Ulli in Karins Leben Regie führte, erschien ihr die Drogensucht nicht mehr als ihr zentrales Problem. Wie sie seine Parolen als Vierzehnjährige übernommen hatte, so schloss sie sich auch jetzt wieder seiner Denkweise an. Wenn selbst er sich mit seiner zwanghaften Gier nach Flashs abgefunden hatte, warum sollte sie es dann nicht auch können? Ihre Depressionen ließen etwas nach und sie fand nach Jahren der Gleichgültigkeit wieder Gefallen am Lesen und an hübscher Kleidung. Ab und zu raffte sie sich sogar auf und büffelte für ihre Lehrabschlussprüfung. Weil sie so häufig gefehlt hatte, musste sie eine Menge nachholen.

△

„Freitag fliegen wir beide für drei Tage nach London", verkündete Ulli Anfang Mai. „Ich muss mal was anderes sehn."

„Was wird 'n das kosten?"

„Au Mann, jetzt bricht wieder der Kaufmann durch! Lass das mein Fell jucken, okay?"

„Du fragst gar nicht, ob ich überhaupt Lust hab."

„Hast du?"

„Yes, Sir. Aber weißt du, was ich jetzt im Frühling für einen kindischen Wunsch hab?"

„Sag's doch."

„Zum Laaksee fahren und im Wald die Stelle suchen, wo Tausende von Buschwindröschen blühen."

Er sah erst auf die Armbanduhr, dann auf das Mädchen und grinste: „Brauchst du etwa auch noch einen, der im Mondschein Eichendorff aufsagt?"

„Muss nicht sein."

„Dann los, lass knacken!"

Sie fanden das Anemonenfeld, kurz bevor die Sonne unterging. Ulli lehnte sich an eine Birke, zündete sich eine Zigarette an und höhnte: „Überwältigend, dieser Anblick."

Karin hockte da und hielt das zarte weiße Blümchen in ihrer Hand, dessen Stengel sich sofort kraftlos verbog.

„Ich buche für dich ’ne Kaffeefahrt“, verspottete er sie. „Hier ein Schlösschen, da ein blühendes Bäumchen, dort ein Garten-Pavillönchen, und aus achtzig aufgerissenen Mäulern ein staunendes Oooh.“

„Hör auf!“ Sie warf die Blume weg und rannte wutentbrannt davon.

Später im Auto schwieg sie feindselig. Hatte er sie nur hergefahren um ihr alles zu vermiesen?

„Kleines“, tat Ulli väterlich, „ich will doch nur erreichen, dass du das Verlogene an solchen Szenen spürst. Händchenhalten unterm Torbogen, Küssen unter blühenden Bäumen, Lieben im Kornfeld, so was ist Kintopp-Kitsch.“

Ihre Wut auf ihn ließ sie alle Rücksichtnahme vergessen. „Du bist krank!“, schrie sie. „Du hast eine Schraube locker, weißt du das? Es ist doch nicht normal, jedes Gefühl und jede schöne Stimmung zu ersticken. Zärtliche Musik schaltest du ab, Blumen nennst du kitschig, du hast Angst, ich würd merken, dass du im Bett ein Versager bist!“

Er fasste sie bei den Armen und stieß heftig atmend mit krampfhaft erzwungener Beherrschung hervor: „Behaupte das nie mehr, Karin. Nie mehr, sonst …“

„Entschuldige“, stotterte sie ängstlich, „ich hab das nicht sagen wollen.“

Er ließ sie los und umklammerte das Lenkrad, dass seine Knöchel weiß hervortraten.

Während der Rückfahrt sprachen sie kein Wort. Karin

beobachtete Ulli von der Seite und erschrak vor dem Ausdruck in seinem Gesicht. Sie schloss die Augen und flüchtete in Gedanken zurück zum Anemonenfeld. Hand in Hand schlenderte sie mit Henning durch den lichten Laubwald. Sie legten sich mitten hinein in das Meer aus Buschwindröschen, Henning rupfte die Blumen aus und ließ sie über ihren Körper rieseln.

Dann spürte sie seine Hände überall, seinen Mund auf ihren geschlossenen Augen. „Ich hab dich gern, Karin, und will dich nicht verlieren." Henning, komm zurück!, schluchzte sie in sich hinein.

Karin machte einfach blau und begleitete Ulli nach London. Sie hatte nun doch das Gefühl, etwas wieder gutmachen zu müssen. Außerdem brauchte sie ihn ja. Weil sie seine ausgeprägte Eitelkeit kannte, heuchelte sie bei jeder Gelegenheit bewundernden Zuspruch. „Dass du auf Anhieb den BEA-Schalter gefunden hast!" – „Wie du dich in diesem verwirrenden U-Bahn-Netz zurechtfindest!" – „Deine Ortskenntnis und dein Englisch sind einfach Klasse, Ulli!"

Endlich wurde ihm die ungewöhnliche Häufung von Lob und Bewunderung peinlich. „Die ganze Fuhre Süßholz kost'n Taler. Lass die Luft raus, Kleines."

Sie klopfte ihm freundschaftlich auf den Arm. „Okay, ich merk's mir. Aber du bist schon ein As. Ehrlich."

„Wenn du das sagst ..." In seiner Stimme lag eine Bitterkeit, die sie nicht an ihm, dem Macher, kannte.

Nach der Rückkehr wirkte Ulli eigentümlich abwesend. Karin vermutete, es hinge noch mit ihrer Entgleisung zusammen. Sie hütete sich darum, näher in ihn zu dringen. Denn äußerlich hatte sich zwischen ihnen nichts verändert. Er versorgte sie nach wie vor reichlich mit Stoff und fuhr mit ihr zusammen in die Scene. Ab und zu blieb sie über Nacht bei ihm. Aber nur, wenn auch andere Bekannte in seiner Wohnung schliefen. Sie hatte sich fest vorgenommen ihn nie wieder in Verlegenheit zu bringen.

Als sie eines Tages nach dem Dienst seine Wohnungstür aufschloss, trat ihr ein Unbekannter entgegen und stellte sich ihr als Ullis Bruder vor. Aha, der Architekt.

„Sie sind also seine Freundin?"

„Was wollen Sie von mir?"

„Setzen Sie sich." Der Mann steckte ein Pfefferminz in den Mund und zerbiss es nervös. „Entschuldigen Sie, möchten Sie auch?" Er hielt ihr die Rolle entgegen.

„Danke, nein. Was ist los? Wo ist Ulli? Sie sind doch nicht hier um mir Pfefferminz anzubieten."

„Sind Sie auch abhängig?"

Karin sprang auf. „Was soll das? Ich möchte endlich wissen, was mit Ulli ist."

„Nun werden Sie nicht hysterisch. Ich habe gefragt, ob Sie süchtig seien."

„Nein!", entgegnete sie eine Spur zu aggressiv.

„Natürlich", widersprach Ullis Bruder. „Nennen Sie mir einen plausiblen Grund, warum Sie an einem so heißen Tag lange Ärmel tragen sollten, wenn nicht, um die Einstichstellen zu verstecken."

Hatte sie es nötig, sich diesem Verhör länger auszusetzen? Sie lief zur Tür, aber der Mann stellte sich ihr in den Weg und drückte sie in eine Couchecke. „Ich habe meinem Bruder einen Therapieplatz beschafft", erklärte er. „In den fünf Monaten, die er bei mir arbeitet, hat er hundertfünfzigtausend Mark durchgebracht. Ich konnte mir an meinen zehn Fingern abzählen, wann ich pleite sein würde und er entweder wegen Drogenbesitzes im Knast sitzen oder an einer Überdosis Heroin kaputt gehen würde."

„Sie haben ihn ohne sein Wissen und seinen Willen abholen und einsperren lassen wie einen Irren oder einen Verbrecher?"

„Nein. Ich habe ihn vor zwei Wochen vor die Entscheidung gestellt, einem Entzug zuzustimmen oder ohne weitere finanzielle Unterstützung durch mich von hier zu verschwinden."

„Sie wollen behaupten, er sei freiwillig gegangen? Das ist nicht wahr! Er hätte mir Bescheid gesagt."

„Überschätzen Sie sich nicht ein bisschen? Mein Bruder war nie der Typ, sein Seelenleben vor andern auszubreiten oder jemanden in seine Pläne einzuweihen. Der hat immer alles mit sich allein ausgemacht. Sagen Sie, ob es stimmt."

Karin antwortete nicht.

Er streckte ihr die geöffnete Hand entgegen. „Geben Sie mir den Wohnungsschlüssel und vergessen Sie Ulli. Wenn er ein Jahr Entzug durchhält, werde ich alles daransetzen, um zu verhindern, dass er wieder Kontakte zu Fixern kriegt. Damit meine ich auch Sie ..."

„Jetzt fühlen Sie sich wohl großartig?“, fragte sie angriffslustig. Sie knallte den Schlüssel auf den Tisch und schaute den Mann voller Verachtung an.

Er hielt ihrem Blick stand und schüttelte ernst den Kopf. „Durchaus nicht. Leben Sie wohl.“

Sie verließ Ullis Wohnung. Jeder Schritt, mit dem sie sich entfernte, verstärkte in ihr das Gefühl aus einem Windschatten herauszutreten.

5

Sie fuhr nach Hause um die veränderte Lage zu überdenken. Mit Ulli war alles so bequem gewesen. Ab sofort musste sie wieder allein für Stoff sorgen. Kostspielig, lästig, frustrierend, aber doch nicht unmöglich. Mit dem Geld, das ihr aus einer Aussteuerversicherung zur Verfügung stand – das reicht für Silberbestecke, für feinste Porzellan-Services und Wäsche, hatten die Eltern gemeint –, konnte sie ungefähr fünfzig Tage schießen. Die bange Frage, was sie danach erwarte, schob sie unter Berufung auf Ullis These beiseite: „Was morgen sein wird, soll dich erst morgen jucken. Wichtig ist nur, dass es dir heute gut geht.“

Er hatte sie an seinem Entschluss auszusteigen nicht beteiligt. Warum schmerzte sie das eigentlich nicht? Wenn sie ehrlich zu sich selber war, musste sie sogar zugeben, dass es sie nicht einmal besonders enttäuschte. In diesem Zusammenhang kam ihr plötzlich eine Behauptung in den

Sinn, die kürzlich in irgendeiner Zeitung von einem klug dreinblickenden Seelendurchleuchter erhoben wurde: Bei Fixern würde die Fähigkeit zu seelischen Regungen und Gefühlsäußerungen genau wie das Bedürfnis nach Körperkontakt immer weiter dem Nullpunkt zusteuern. Dummes Zeug, fand sie. Dass sie nicht vor Kummer ausflippte, lag einfach daran, dass sie Ulli nicht liebte. Er war der Motor für sie gewesen. Nicht zu vergessen eine enorme finanzielle Stütze. Das war gewiss eine Menge. Aber es lag für ihr Verständnis irgendwie auf einer Ebene mit dem, was von ihren Eltern kam: ein Dach über dem Kopf, Essen und Trinken, Äußerlichkeiten – sonst nichts.

Da sie regelmäßig jemanden brauchte, der ihr die Spritze setzte, schloss sie sich wieder enger an die alte Gruppe an, die nach Andys Tod deutlich geschrumpft war. Außer Mike hatten noch drei andere den Ausstieg gesucht.

Ganz kurz flammte in Karin die Idee auf, Henning anzurufen und den Versuch zu machen Zerbrochenes zu kitten. Aber sie ließ es. Sie wollte, dass er den ersten Schritt tat.

△

Einmal traf sie in der Kellerwohnung niemanden an. Sie war mit dem Schuss ohnehin spät dran und machte sich unverzüglich auf ins Bahnhofsviertel, wo gewöhnlich die örtliche Drogenscene versammelt war. Es schien wie verhext, sie fand auch dort keinen Bekannten. Warum hatte sie bloß diesen Horror davor, sich selbst abzuziehen? Anderen hatte sie doch ganz ohne Herzklopfen Spritzen verpasst! In ihrem Zimmer hielt sie zwei Gramm des teuren weißen Pulvers versteckt. Wegen des Stoffs brauchte sie sich heute also nicht zu sorgen.

„Hast du ’n Fix für mich?“

Karin starrte ungläubig auf das zitternde Mädchen, das ihr die Frage gestellt hatte. „Waaas? Du Winzling schießt schon?“

„Ich bin sechzehn.“

„Das glaubst du ja selbst nicht. Wenn’s hoch kommt, zehn.“

Die Kleine streifte unablässig mit dem rechten Turnschuh über den linken. Ihre Hände flatterten. „Zwölf. Ich brauch ’n Schuss. Hilf mir!“

Karin hatte plötzlich die Wahnvorstellung, ihre Schwester stünde vor ihr. „Nein, Christine, nein“, flüsterte sie. Dann lief sie entsetzt davon. Sie hetzte durch die Straßen und stieß dauernd mit irgendwem zusammen. In einem Park sank sie auf den Rand eines Springbrunnens und ließ sich zum Spaß der Spaziergänger von einem Wasserstrahl bespritzen.

„Die ist besoffen“, wusste ein ganz Schlauer und zeigte mit dem Finger auf sie.

Karin wankte zur Wohnung eines süchtigen Dealers, den sie und Ulli gelegentlich in Anspruch genommen hatten. Verschlafen öffnete er um sieben Uhr abends die Tür. „Wo hast du deinen Macker gelassen?“ Suchend blickte er im Hausflur umher. Sie zuckte mit den Achseln.

„Ab sofort ’n blauen Schein.“ Er grinste breit. „Ist nichts mehr mit Mengenrabatt.“

Karin schüttelte sich. Sollte sie einen anderen suchen? Wenn sie doch bloß nicht schon mehr als vier Stunden überfällig wäre! „Die andern tun's nach wie vor für achtzig", hielt sie ihm vor.

„Dann ab – marsch! Zu den andern!" Er verbeugte sich mit weit ausholender Armbewegung und wedelte mit den Händen, dass sie verschwinden solle. Ekliger Geruch ging von seinem fettigen, verfilzten Haar und dem schmierigen Bademantel aus. Karin wurde es schwarz vor Augen. Sie begann zu würgen. Der Mann trat die Etagentür ins Schloss und schubste Karin in ein verwahrlostes Badezimmer. Sie fiel in einen Haufen schmutziger Wäsche.

Wie sie sich später für diesen Gang hasste! Dafür, dass sie sich von diesem dreckigen Subjekt hatte abziehen lassen! Und dafür, dass sie es als Einzige unter all ihren Bekannten nicht fertig brachte mit der rechten Hand eine Spritze zu bedienen und die Kanüle in die linke Armbeuge zu stechen! Von ihr aus auch zwischen die Zehen, wie es inzwischen viele machten wegen der verräterischen Einstichstellen. Dann brauchte sie sich auch künftig niemals mehr von Leuten wie diesem Klugscheißer von Architekten wegen eines lächerlichen langen Ärmels überrumpeln zu lassen.

Weder der Anblick der total verkommenen Fixer-Unterkunft, der sie bis in den Schlaf verfolgte, noch die Begegnung mit der rauschgiftsüchtigen Zwölfjährigen erwiesen sich für Karin als heilsamer Schock. Ihre einzige Lehre aus diesen Erlebnissen war, dass sie ein Mädchen aus ihrer Clique dazu überredete, sich regelmäßig gegenseitig zu spritzen.

Kaum mehr als eine Woche später bekam sie in der Nacht hohes Fieber. Sie litt unter Durchfall und Erbrechen, quälenden Wadenschmerzen und heftigem Nasenbluten. Frau Bieber erschrak, als sie am frühen Morgen in Karins Zimmer trat. Ihr war nicht entgangen, dass ihre Tochter sich mehrmals stöhnend zur Toilette geschleppt und später, offenbar im Schlaf, laut aufgeschrien hatte.

„Um Himmels willen, Karin! Was ist mit dir? Was hast du, Kind?“

„Grippe.“

Ihre Mutter berührte hilflos mit dem Handrücken Stirn und Wange ihrer Ältesten und eilte nach einem Thermometer. Als sie es ihr unter den Arm schob, murmelte sie: „Wovon brichst du noch? Du isst doch fast nichts.“ Besorgt fragte sie: „Grippe, sagst du? Tun dir denn auch die Knochen weh?“

„Mir tut alles weh.“

„Ich rufe einen Arzt.“

„Nein“, flüsterte Karin beschwörend. „Bitte nicht.“ Sie versuchte sich aufzurichten, sank aber erschöpft in das Kissen zurück.

Frau Bieber hörte die panische Angst heraus und lächelte ihrer Tochter beruhigend zu. Wie oft hatte sie geredet und geredet, wenn man krank sei, gehöre man zum Arzt. Nicht ein einziges Mal war das Kind gegangen. Die Mutter gab sich Mühe, Karin durch munteres Erzählen ein bisschen abzulenken. „Onkel Max wohnt in Kanada einen Tagesmarsch vom nächsten Medizinmann entfernt. Der muss auch seine Diagnosen selber stellen. Versuchen wir's halt auch noch mal. Meine lautet in deinem Fall auf Grippe und Phobie."

„Wieso Phobie?" Karin drehte sich zur Seite.

„Na, krankhafte Angst vor dem Doktor. So, Karin, ich mache dir jetzt kalte Umschläge und Wadenwickel, damit das Fieber runtergeht."

„Nein", begehrte Karin schwach auf. „Bring nur was zu trinken, und dann lass mich allein."

Gleich würde das Mädchen mit dem Fix kommen.

Sechs Tage hielt das hohe Fieber an, sank vorübergehend, um zwei Wochen lang immer wieder auf über 39 Grad anzusteigen. Als dazu noch Schmerzen im rechten Oberbauch auftraten und ihr Gewicht unter neunzig Pfund sank, ließ sich Karin endlich zu einem Arztbesuch überreden.

Bevor der Arzt eine Untersuchung vornahm, ordnete er eine Blutuntersuchung an.

„Ihre Venen sind aber ganz schön zerstochen", wunderte sich eine ältliche Laborantin.

Karin hatte sich auf diese oder eine ähnliche Feststellung gefasst gemacht. „Ich bin Blutspender", log sie. „In letzter Zeit war ich vielleicht 'n bisschen zu oft, nicht?"

Der Arzt kam zu keinem eindeutigen Urteil. „Der Befund ist eigentümlich unklar. Verwässert, will ich mal sagen. Ich neige dazu, chronische aggressive Hepatitis, Gelbsucht, zu diagnostizieren. Aber dazu fehlt etwas ganz Wesentliches, nämlich die leicht gelbe Hautfarbe." Seine

Brille saß auf dem vorderen Drittel der Nase, eine graue Haarsträhne war sorgfältig von der rechten Geheimratsecke über die Stirnglatze drapiert. Karin mochte den alten Herrn, der sich so viel Mühe mit ihr gab. Er war der Typ von Mediziner, dem sie selbst dann noch vertrauen würde, wenn er den „Funktionsfehler“ nicht finden sollte. „Ich hab nächsten Montag meine schriftliche Lehrabschlussprüfung“, sagte sie. „Dann muss ich unbedingt wieder okay sein.“

„An mir soll's nicht liegen. Will mal sagen, der Mensch vermag viel, wenn er muss. Um eine Beobachtung im Krankenhaus werden wir allerdings nicht herumkommen. Ich lasse aber mit mir handeln, was die Prüfung angeht. Schieben wir den Einweisungstermin ein Weilchen vor uns her. Aber dann, liebes Kind, wird's allerhöchste Eisenbahn. Vierundvierzig Kilo mögen für eine Zwölfjährige das richtige Gewicht sein, aber nicht für jemand mit achtzehn.“

Karin ließ ihn reden. Vertrauen – gut und schön. Aber so weit konnte es nicht gehen, dass sie sich dem netten alten Herr zuliebe in die Hölle einer Klinik begeben würde. Sie hatte gerade in letzter Zeit zu viel von Zwangsentzug gehört. Unter dem Decknamen *Beobachtung* lieferten sie einen ein, erwähnten nichts von Drogensucht, dann plötzlich sperrten sie den Ahnungslosen in eine Gummizelle und pumpten ihn mit Akineton, Valium oder Fortral voll. Nee, Doktor, mit mir nicht!

„Um acht, um zwölf und um vier möchte ich Sie gern in den nächsten Tagen bei mir sehen“, sagte der Arzt. „Frau

Müller soll Ihnen dann jedesmal Blut abnehmen. Wäre doch gelacht, wenn ich nicht noch hinter Ihre Krankheit käme. Bis morgen, Fräulein Bieber."

Karins Mutter wartete geduldig auf dem Flur. „Na? Hat er dich gebissen?"

„Gestochen. Aber das kommt auf eins raus."

„Was sagte er? Was hast du nun? Sind es die Folgen der Grippe oder was?"

„Er weiß es nicht. Ich muss täglich dreimal hin zur Blutentnahme."

„Ja, aber er wird dir doch irgendwas gesagt haben! Eine Vermutung meinetwegen. Aber irgendwas wenigstens."

„Dann weißt du mehr als ich."

Frau Bieber war still. Wie viel Zeit und Nerven hatte es sie gekostet, Karin überhaupt zu diesem Gang zu bewegen! Wenn sie sie weiter mit Fragen bombardierte, würde ihre Tochter die Praxis nicht wieder aufsuchen.

△

In den Tagen vor der Prüfung schleppte sich Karin vom Bett zum Arzt und wieder zurück, trank Sanddornsaft mit Traubenzucker und aß nichts, weil sie ohnehin nichts bei sich behielt. Erstaunlicherweise brachte sie die Lehrzeit trotz ihres miserablen Zustandes zu einem befriedigenden Abschluss. Als das Prüfungsergebnis feststand, verließen sie die Kräfte.

Frau Bieber fand ihre Tochter ohnmächtig in ihrem Zimmer auf dem Fußboden. Als Karin erwachte, hörte sie ihre Mutter aufgeregt mit dem Hausarzt telefonieren und wenig später einen Krankenwagen anfordern. Es gelang der Geschwächten mit letzter Kraft, die verräterischen Indizien zu beseitigen. Sie fand sogar eben noch Zeit das Mädchen telefonisch zu verständigen, das ihr Heroin gespritzt hatte.

Im Krankenhaus bestätigte sich der Verdacht auf Gelbsucht sofort. Daraufhin erschien jemand vom Gesundheitsamt bei den Biebers und desinfizierte sämtliche Räume. Er fragte ganz routinemäßig, ob ihre Tochter etwas mit Drogen zu tun habe. Frau Bieber wies das mit Entrüstung von sich. Doch ein Funke Misstrauen blieb. Sie durchsuchte mit schlechtem Gewissen jeden Winkel in Karins Zimmer und leistete ihr innerlich Abbitte, nachdem sie nichts gefunden hatte, das einen solchen Verdacht bestätigen könnte. Trotzdem ließ ihr die Sache keine Ruhe.

„Sag mal, Kind", begann sie bei ihrem ersten Besuch in der Klinik, „der Desinfektor hat mich gefragt, ob du drogensüchtig bist."

Karin spielte Empörung. „Ich doch nicht! Nein! Aber ich kenne genug Leute, die drinstecken."

Ihre Mutter atmete hörbar auf. Sie war mit der Antwort zufrieden, weil sie sich damit selbst beruhigen konnte. Denn irgendwie hätte Drogensucht bei Karin ja doch ins Bild gepasst. Ihr aggressives Wesen, das manchmal innerhalb einer Viertelstunde einer vertrauensseligen Beredsamkeit weichen konnte, die Appetitlosigkeit, jetzt noch die Gelbsucht ... Frau Bieber hatte sich nach Andy Lösers Tod näher mit den Merkmalen der Drogensucht beschäftigt. Nicht etwa, dass sie gedacht hätte, Karin könnte damit etwas zu tun haben. Oder doch? „Gott sei Dank“, sagte sie aus tiefem Herzen, „das hätte man wirklich nicht auch noch verkraftet. Das Leben ist hart genug. Der ständige Kampf im Beruf, die Sorge um die Gesundheit und ums Finanzielle ... Ach, eh ich’s vergesse: Christine lässt dich grüßen. Und Papa natürlich auch.“ Probleme waren für Frau Bieber Klippen. Und Klippen mussten möglichst weiträumig umschifft werden.

Ganz zu Beginn ihres Aufenthaltes auf der Intensivstation bemühte sich der behandelnde Arzt, Karin die Funktion der Leber verständlich darzustellen. Er malte Schreckensbilder von dem, was passieren werde, wenn der Patient sich nicht streng an die ärztlichen Verordnungen halte. Hartnäckig brachte er die Rede immer wieder auf die Drogensucht als häufige Ursache der Hepatitis. Die Injektion unsteriler Substanzen führe zu dieser bedrohlichen Krankheit, ebenfalls unkontrollierter Konsum von Schlaf- und Beruhigungsmitteln und das „Schnüffeln“ von bestimmten Lösungen.

Als er schließlich konkret wurde und ihr auf den Kopf zusagte, ihre Gelbsucht sei durch eine unsaubere Nadel hervorgerufen worden, stritt sie alles ab. Sie müsse sich bei ihrer Freundin angesteckt haben, behauptete sie. Die habe sich nämlich in Spanien eine Hepatitis geholt. Und woher, bitte, stammen die zerstochenen Armbeugen? „Sie können nachprüfen, ob’s wahr ist: Bei meinem Hausarzt ist mir zuletzt dreimal am Tag Blut abgezapft worden.“

Karin fühlte, dass sie dem Arzt nichts vormachen konnte, doch sie blieb bei ihrer Darstellung. Sein Interesse an ihr erlahmte. Es fand kein Gespräch mehr zwischen ihnen statt. Der Arzt beschränkte sich bei seiner täglichen Visite auf ein kühles „Guten Morgen, wie geht's?" und richtete die gleiche Frage bereits an ihre sterbenskranke Bettnachbarin, bevor Karin zu einer Antwort ansetzen konnte.

Sie durfte das Bett in den ersten Tagen nicht verlassen und gelangte dadurch an keinerlei Drogen. Weil sie sich zur Lüge entschlossen hatte, musste sie mit den wahnsinnigen Entzugsschmerzen allein fertig werden. Nach drei Tagen war das Schlimmste überstanden. Was blieb, waren Schweißausbrüche und Schlafstörungen. Während des Entzugs hatte sich ihr Gesicht verkrampft und ihre Zähne waren stundenlang aufeinander geschlagen, ohne dass sie etwas dagegen unternehmen konnte. Dabei waren zwei Schneidezähne schräg abgebrochen. Sie bat eine Krankenschwester einen Zahnarzt zu holen, weil sie sich mit der Zunge an den scharfen Kanten schnitt. Er kam auch bald, schliff die Bruchstellen notdürftig ab und wies Karin darauf hin, dass gleich nach ihrer Genesung teure Kronen für sie angefertigt werden müssten, deren Kosten nur zu einem geringen Teil durch ihre Krankenkasse gedeckt seien.

Frau Bieber kam gerade bei diesen Worten ins Zimmer. Nachdem der Mann gegangen war, bekannte sie ziemlich niedergeschlagen: „Papa und ich können da leider nichts zuschießen, Karin. Wir hatten eine unvorhergesehene große Ausgabe. Du müsstest deine Aussteuerversicherung anbrechen, so Leid es mir tut."

Karin mimte Erschöpfung, schloss die Augen und gab keine Antwort mehr. Dieses Geld hatte sie doch bis auf einen winzigen Rest verbraucht!

△

Als Karin wieder auf den Flur hinausgehen durfte, begegnete sie zu ihrer Überraschung einigen Mädchen, die sie aus der Scene kannte. Alle waren wegen Gelbsucht eingeliefert worden. Sie ließen sich reichlich Haschisch auf die Station bringen und gaben Karin bereitwillig davon ab. Wenn sie auf der Toilette rauchten – ungestört und ganz unter sich –, wurden sie nicht müde, einander immer wieder zu versichern, dass sie keinen kannten, der vom Kiffen süchtig geworden sei oder von dieser „harmlosen" Droge einen bleibenden Gesundheitsschaden davongetragen habe. „Mit Heroin läuft nichts mehr, wenn ich hier rauskomme", beteuerte Karin.

„Einmal süchtig, immer süchtig", bemerkte ein Mädchen nüchtern. „Nach drei Entziehungen weiß ich, wovon ich spreche. Wenn du nämlich vorher entzogen hast, bringt dir das Drücken ein paar Nadeln lang wieder was echt Riesiges. An den Kick denkst du, wenn dir jemand 'ne Portion hinhält. Nicht an die Quälerei mit dem Turkey."

„Meine Leber ist kaputt", sagte ein anderes Mädchen. „Wenn ich lebendig hier rauskomme, muss notgedrungen Sabbat sein. Dann wechsle ich auf die andere Seite und werde über Nacht stinkreich."

„Wie meinst du das?“, fragte Karin.

„Mensch, was soll sie schon meinen? Sie will dealen.“

„Du hast es erfasst! Ich pumpe mir vier Hunderter für Chemikalien. Daraus lässt sich in acht Stunden leicht ein Kilo Methamphetamin herstellen. Wie's funktioniert, weiß ich von dem Häuptling aus der Rockband, in der ich früher mitgemischt hab. Willst du wissen, was das wert ist, Karin? Hundertfünfzig Tausender!“

„Wenn das so einfach wär: Du verkraftest nichts mehr, also wirst du clean. Und du beschließt ab morgen an denen zu verdienen, die noch nicht so down sind wie du, und – zack! – schwimmst du im Geld. Wie gesagt: Wenn das so einfach wär …“

Drei Monate lag Karin nun schon in der Klinik. In der letzten Woche ihres Aufenthaltes dort tauchte auf einmal Biggi Naumann als Patientin auf. Sie hatte es fertig gebracht, aus der geschlossenen Abteilung des Landeskrankenhauses zu entweichen, nachdem sie vorher schon aus einem Sanatorium für Suchtkranke fortgelaufen war. „Lass mich nur 'n bisschen besser dran sein“, äußerte sie Karin gegenüber, „dann mach ich auch hier wieder die Mücke.“ Sie flüsterte, damit die anderen es nicht hörten: „Ein paar Portionen H sind unterwegs. Die rollen morgen oder übermorgen an. Ich hab kurz vor meiner Einlieferung einen Typen aufgetan, der zwar noch den ersten Schuss zu setzen hat, dir aber vom Grass über Tabletten bis zum Speed alles ziemlich günstig beschafft.“

„Wie heißt der?“, erkundigte sich Karin neugierig.

„Teppe“, antwortete Biggi. „Der soll bei seinem Onkel in der Firma ’n warmes Plätzchen haben und sich seinen Schmuckfimmel – du, der trägt vier Ringe gleichzeitig, als Mann, stell dir mal vor – und seinen teuren Sportwagen durch Dealen finanzieren, hab ich gehört.“

„Sag Justus zu mir“, grinste Karin.

„Was spinnst du da?“

„Ach, nichts. Ich kenn den Typen.“

Einen Tag bevor Karin mit chronischem Leberschaden entlassen wurde, raunte ihr Biggi auf dem Gang zu: „Ich hab Äitsch. Jede Menge.“

Karin zögerte. „Der Doktor hat mich heut Morgen bei der Schlussuntersuchung gewarnt. Meine Leber ist im Eimer. Wenn ich mir jetzt noch mal einen Schuss antue, fall ich tot um. Das verkrafte ich von der Leber her einfach nicht.“

Biggi lachte auf. „Einen chronischen Leberschaden hab ich seit zwei Jahren. Das ist alles halb so wild. Die Weißkittel dramatisieren.“

„Wenn überhaupt, dann werd ich in Zukunft höchstens sniefen. An mich kommt keine versaute Nadel mehr ran.“

„Wie viel Stoff willst du? Das Gramm hundertneunzig, weil du’s bist.“

„Einen Fix. Mehr Zaster hab ich nicht mehr.“

„Ohne Moos nichts los“, zitierte Biggi ungerührt und kassierte das Geld.

Ein zum Tütchen gefaltetes Stück Papier wechselte den Besitzer.

Am zweiten Tag nach ihrer Entlassung aus der Klinik sagte sich Karin: Gespritzt wird nicht mehr, klar. Aber so ein bisschen Heroin durch die Nase einziehen, damit ich das Leben mal wieder für ein paar Stunden schön finden kann, das muss ja nicht gleich ein Rückfall sein.

Du hast doch nur noch zwei Gramm im Versteck hinter der Steckdose, auf der kein Saft liegt, und das halbe Gramm von Biggi. Sniefen verbraucht mehr als Drücken und du bist kein Krösus.

Also doch die Spritze? Ach, klar! Aber dann soll's wenigstens eine peinlich saubere Nadel sein.

Karin besorgte alles, was sie brauchte. Aus dem Desinfizieren von Armbeuge und Kanüle machte sie eine andächtige Zeremonie. Ihr erster selbst fabrizierter Schuss! Spannung, Angst, Hoffnung, Selbstverachtung, Sehnsucht: Ihre Gefühle purzelten durcheinander. Sie drückte ab. Dann ging's ihr schlecht. Stundenlang erbrach sie.

Und trotzdem machte sie weiter. Denn der neue Tag blinzelte ins Fenster und lockte: Du weißt, wo Schmerz und Weinen kleiner, Mut und Lust größer, Duft, Farben und Musik ein Teil von dir werden.

Sie griff zu ihrem Handspiegel und schaute zögernd hinein. Ihre innere Bremse, die sie früher Gewissen genannt hatte, quietschte auf und übertönte die Flöte des Rattenfängers am Fenster: Ja, beguck dich nur mit deinem stumpfen Haar, du Knochengerüst! Hübsch und gut gewachsen warst du damals – vor hundert Jahren oder wann? Deine Augen sind müde und liegen glanzlos in tiefen Höhlen und dunklem Trauerrand. Na los, mach deinen Mund auf, dein Trümmergebiss gibt dir die persönliche Note. Noch ’n Fix gefällig, vollendetes Bild des Jammers?

Sie erlaubte sich kein Weinen. Geld für den Zahnarzt! Diese Reihenfolge war falsch. Erst Zahnarzt, dann irgendwann Geld. So war es richtig. Wichtig ist nur, dass es dir heute gut geht. Danke, Ulli!

Sie hatte sich zum ersten Mal selber eine Spritze gesetzt; wenn das keine Leistung war! Selbstüberwindung bedeutete Fortschritt. Bravo, Karin! War es ihr bei regelmäßigem Schießen etwa schlecht gegangen? Diesen klapprigen Zustand zuletzt, den hatte doch nur die Gelbsucht verursacht. Vorher mit Ulli war sie mit dem Feeling bestens drangewesen. Meist jedenfalls. Oft. Na ja, wenigstens ab und zu. Verdammte rechthaberische Bremse, gib Ruhe!

Ihre Zähne kamen in Ordnung. Ein Erlebnis, wahrhaftig, sich ohne den todsicheren Schock im Spiegel betrachten zu können. Sie ließ sich mit reichlich Tubensonne und einem Hauch Rouge auf dem Gesicht mal wieder in der Firma blicken. Prüfung be-, Krankheit überstanden. Auf ein Neues!

„Tja, Fräulein Bieber, tut uns Leid. Der allgemeine Rückgang der Konjunktur hat auch uns nicht verschont. Die steigenden Personalkosten, Sie verstehen? Kurzum, Fräulein Bieber, wir haben keine Arbeit mehr für Sie. Bestimmt finden Sie anderswo … Sie sind ja immerhin eine Fachkraft. Das Urlaubsgeld, das Ihnen noch zusteht, überweisen wir per ultimo auf Ihr Konto. Alles Gute.“

Krankheit ist kein Kündigungsgrund!, begehrte es in

ihr auf. Sie lächelte über ihren eifernden Gerechtigkeitssinn. Prima war dieser Rausschmiss. Besser hätte es doch gar nicht kommen können!

Die Stimme in ihrem Innern rumorte, benutzte ihren Mund und erreichte das Ohr des aalglatten Personalchefs. Der schluckte. „Sagen Sie das noch einmal!“, verlangte er und sprang erregt auf.

Karin wich keinen Schritt zurück. „Hauptsache, Sie Radfahrer haben einen windstillen Platz, wo Sie ohne Grips und Leistung Ihre Zeit absitzen und für die Rente kleben können“, wiederholte sie und ging zum Aufzug. Sie sah, wie der Mann mit geschwollenem Kamm aus seinem Zimmer stürzte um nebenan bei seinem Stellvertreter Dampf abzulassen.

6

Der Junge, dem die Kellerwohnung gehörte, hieß Lutz. „Versammelt sind die Letzten unseres Stammes“, stellte er ironisch fest, als sich Karin nach Monaten der Krankheit wieder bei ihm meldete. „Die andern sitzen im Knast oder liegen mit der Gelbsucht in den Kliniken. Uns geht's wie den zehn kleinen Negerlein: Den dritten hat man eingesperrt, da waren's nur noch zwei.“ Er bot Karin etwas zu trinken an und fragte ohne Umschweife: „Nachdem nun sämtliche Konkurrenz ausgeschaltet ist, Karin, wie wär's denn da mit uns beiden?“

„Warum nicht? Mir soll's recht sein", antwortete sie, froh, jemanden zu haben, dem sie mit ihrer Drogensucht nichts vorzumachen brauchte. Und noch etwas anderes beeinflusste ihr Ja. Lutz hatte Arbeit und konnte ihren Heroinnachschub für eine Weile mitfinanzieren. Sie musste erst zusehen, dass sie den Eigenanteil an der Zahnarztrechnung bezahlt kriegte. Eigentlich hatte sie das nicht gewollt. Ganz im Gegenteil. Noch zu Beginn der Behandlung war sie wild entschlossen gewesen den „Zahnklempner" auf seiner Liquidation sitzen zu lassen.

△

In der nächsten Zeit legte sie jede Mark auf die Seite. Arbeitslosengeld und Urlaubsgeld, Erlös aus dem Verkauf einer Kaninchenfelljacke, die ihr Ulli mal geschenkt hatte, Omas Echo auf ihren Hilferuf – da kam schon was zusammen. Von der kaufmännischen Ausbildung war zu Karins Erstaunen doch mehr hängen geblieben, als sie zunächst geglaubt hätte. In den Keller mit der Stimme und dann im Brustton der Überzeugung geschnarrt: Korrektes Finanzgebaren ist das A und O des soliden Kaufmanns. Was für ein Krampf! Und doch galt auch für sie: Gut, dass erst einmal die Schulden aus der Welt waren!

△

Jeden zweiten Tag fuhr Karin mit Lutz in die umliegenden Städte. Den abenteuerlichsten Adressen gingen sie nach.

„Du weißt aber verflixt gut, wo der Bauer die Wurst hängen hat", sagte Karin anerkennend.

„Ich hab mir gezwungenermaßen ’ne besondere Antenne zulegen müssen. Nachdem die Teenies heute ohne jeden Umweg direkt auf die harten Sachen zumarschieren und sich die Mäuse dafür auf dem Babystrich verdienen, ist es eng geworden auf dem Markt. Verdammt eng.“

„Wie kommt das bloß, dass Zwölfjährige drücken? Die haben vorher nie einen Trip gemacht, der sie drauf gebracht haben könnte.“

„Wenn du mich fragst: Die schnallen das irgendwie nicht, dass sie zu Hause nur mit dem Finger zu schnipsen brauchen, und schon sprinten die Alten und erfüllen jeden noch so bekloppten Wunsch. Wenn du Skateboards und Disco-Roller und Rennräder und Klamotten und allen Scheiß nachgeschmissen kriegst, dann willst du dich endlich mal selbst für was abstrampeln müssen. Wie sie es von zu Hause gewöhnt sind, greifen sie dabei gleich nach dem Größten.“

„Die landen alle unter den Radieschen.“ Karin schauderte, wenn sie an ihre Schwester dachte.

„Das ist denen vielleicht schnurz. Die nehmen, was sie kriegen können, sogar den riskantesten Designerdreck. Sag ihnen, dass Crack eine Art Koks hoch zwanzig und Fentanyl eine Art Hyper-Heroin ist – sie buhen dich aus. Die spielen russisches Roulette wie wir, nur schneller.“

„Das kannst du wirklich nicht vergleichen“, entgegnete Karin heftig.

„Setz dir ’n Schuss, Mädchen. Sobald du anfängst zu streiten, wird’s Zeit.“

Unterhaltungen über Junkie-Kinder fanden zwischen

den beiden mehrfach statt. Die Sorge um Christine ließ Karin auf dieses Thema zu sprechen kommen. Aber niemals ging sie so weit, ihr eigenes Verhalten infrage zu stellen.

Vielleicht war der Zeitpunkt dafür zu ungünstig. Denn weil sie im Moment genug H hatte, war ihre Abhängigkeit zur Zeit keine unlösbare Schwierigkeit für sie. Entzugserscheinungen traten überhaupt nicht auf. Sobald sie Schmerzen heraufziehen fühlte, schoss sie ihre fällige Portion, und die Welt war wieder für ein paar Stunden erträglich. Herumgrübeln führte sowieso zu nichts, wie die vergangenen Jahre gezeigt hatten. Da hielt sie sich besser an Ullis Lieblingsspruch: „Gib dem Körper seinen Fix, lass dich treiben, weiter nix."

Leere, eintönige Monate vergingen. Eines Tages wurde Karins Arbeitslosenunterstützung gestrichen. „Wir sind zu der Überzeugung gelangt, dass Sie an weiterer Vermittlung nicht interessiert sind", schrieb man zur Begründung.

Genau erraten. Wie könnte sie auch! Bevor sie morgens die Augen öffnete, tastete sie vorsichtig neben sich auf den Nachttisch. Der Verstand signalisierte Beruhigung, sobald ihre Fingerspitzen das Glas Wasser, die Spritze, den Löffel oder das Glasfläschen mit dem Heroin berührten. Erster klarer Gedanke: Drücken, Karin! Augen auf, dann spritzen, danach bist du fähig aufzustehen. Aber beileibe nicht, Leistung zu erbringen! Wie stellten die vom Arbeitsamt sich das wohl vor?

Sie war froh, dass ihr die Beine noch gehorchten, wenn sie ihnen befahl sie zur Bushaltestelle und weiter zur Kellerwohnung zu tragen. Sie spritzte seit neuestem Tag und Nacht im Vier-Stunden-Rhythmus.

Lutz übrigens auch. Dem hatten sie in der Firma inzwischen den gut bezahlten Posten gegen einen „Sünder-Job" getauscht.

„Frauen sind kräftezehrend", hatte sein Abteilungsleiter gemeint. „Bekannt, guter Freund. Aber wenn Ihre Liebschaften sich dermaßen nachteilig auf unsere Firma auswirken, dass Ihre Leistung nur noch die Produktion von Fehlern ist, dann müssen wir uns eilig was einfallen lassen. Das haben wir auch. Verstehen Sie das als letzte freundliche Geste."

△

Pech für Lutz, dass sein Vater ihn wenige Tage nach der Degradierung wegen einer wichtigen Sache an seiner Arbeitsstelle aufsuchen musste und ihn nicht am alten Platz fand. Die ehemaligen Kollegen waren besser informiert als der Abteilungsleiter. Sie glaubten nicht an die zehrende Sucht der Liebe. Es fiel das Wort *Drogen* und traf. Lutz' Vater musste sich am Fensterkreuz festhalten.

„Der trägt die ganzen Utensilien zum Spritzen unter einer elastischen Binde am Schienbein. Ich hab mal 'n Schächtelchen Büroklammern umgestoßen und bin unter seinem Schreibtisch rumgekrochen. Da hab ich's gesehen", berichtete das Lehrmädchen wichtigtuerisch.

„Verfluchtes Denunziantenpack!"

Plötzlich geschah alles in großer Eile. Stunden und Ereignisse wälzten sich nicht mehr träge; sie wurden zu Stromschnellen.

Als Karin von der Bushaltestelle zur Kellerwohnung wankte, stolperte ihr Lutz entgegen. „Es ist alles rausgekommen. Wir sind am Ende."

Karins verzagtes „Was nun?" vermochte bei Lutz keine Beschützer- oder Trösterfunktionen mehr auszulösen. Sein Erschrecken saß zu tief. „Morgen früh um acht bin ich bei einem Arzt angemeldet wegen der Überweisung ins Krankenhaus. Ich gucke anschließend noch mal kurz bei dir rein. Ich hab keine Wahl mehr. Bis dann … letztes Negerlein …"

Lutz erhielt vom Hausarzt seiner Eltern Beruhigungs-, Schmerz- und Schlaftabletten. Er schluckte auf dem Weg zu Karin schon so viele, dass sie ihn an der Hand in ihr Zimmer führen musste. Er ließ sich in einen Sessel fallen, saß eine knappe Minute mit schaukelndem Oberkörper da, um kraftlos in sich zusammenzusinken und auf den Boden zu rutschen.

Keuchend zog Karin ihn wieder hoch. „Warum hast du dir jetzt schon solche Mengen reingetan?", fuhr sie ihn an. „Wir wollten doch miteinander reden." Plötzlich war ihre Angst wieder da. Sie hatte kein Geld für Heroin und mit Lutz schwand ihre letzte Einnahmequelle. Bald würde ein grausiger Turkey sie foltern. Ihre Zähne … nein, nur das nicht wieder!

Wie ein nasser Sack lag Lutz im Sessel. Sein Kopf hing seitlich über die Lehne. Speichel floss ihm aus dem Mund. Karins Herz klopfte so heftig, dass die Halsschlagader vibrierte.

Erster Schmerz pochte warnend hinter der Schläfe. Sie nahm alle Tablettenröhrchen aus Lutz' Taschen und schüttete aus jedem die Hälfte in eine Tüte. „Mir geht's so dreckig", klagte sie, als müsse sie ihr Handeln vor ihm entschuldigen, der doch zum Zuhören schon längst nicht mehr fähig war. Mit zitternden Händen stopfte sie eine Anzahl kleiner runder Schmerzverflüchtiger in sich hinein. Als ob ein langjähriger Fixer noch einteilen und maßhalten könnte!

„Wir müssen gehen, Lutz. Sie warten auf dich. Komm, ich helf dir." Er war kaum noch fähig zu gehen. Sie legte seinen rechten Arm um ihren Hals und schleppte ihn zur Tür. Prompt lief ihr auf dem Flur Frau Gallo in die Quere, die das ihrer Ansicht nach stockbetrunkene Gespann mit einem angeekelten Blick bedachte. Der überfütterte Köter kläffte dazu.

Sobald Karin Tabletten oder Drogen genommen hatte, hörte ihr Mund neuerdings nicht mehr auf zu plappern. „Ich hab nichts davon, nur meine Schmerzen wegzukriegen, Lutz. Das genügt einfach nicht, hörst du? Nichts mehr spüren, das ist es, was ich will." Sie blieb stehen und geriet ins Schwanken. Die Wirkung der Tabletten verstärkte sich schnell. Nur nicht umfallen …

Wie sie mit dem immer schwerer auf ihr lastenden Lutz in den Bus und wieder hinaus und danach zu ihm nach

Hause gekommen war, daran konnte sie sich später nicht mehr erinnern. Totaler Filmriss.

Als sie quälend langsam wach wurde, fand sie sich in einem Zimmer wieder, das ihr unbekannt war. Sie kroch zum Fenster und zog sich hoch. Das Karussell in ihrem Kopf lief ganz langsam aus. Sie schaute durch die Scheibe und erkannte die Garagenzufahrt, die sie täglich langgegangen war um die Kellerwohnung zu erreichen. Sie war also bei Lutz im Haus. Ihr Ellenbogen berührte einen bemalten Blumentopf und stieß ihn von der Fensterbank. Durch den Knall aufmerksam geworden erschien Lutz' Mutter und führte Karin die Treppe hinunter.

Ein Blick ins Wohnzimmer ließ Karin aus allen Wolken fallen. Ein Blitz durchfuhr sie und fegte alle Benommenheit hinter ihrer Stirn weg. Jemand schob ihr einen Stuhl hin. Widerwillig bestätigte ihr Verstand, was ihre Augen sahen: ihre Eltern! Weiß wie die Wand die Mutter, graufahl der Vater, beide gedemütigt und gepeinigt von dem, was sie in den letzten Stunden erfahren mussten.

In einer Ecke des Zimmers erhob sich ein Fremder mit üppig wucherndem Ziegenbart. Ungebügeltes Oberhemd mit umgeknickter Kragenspitze. Ein Dealer, den Lutz' Vater überführt hatte? Aber dann müsste ich ihn doch kennen. „Mein Name ist Skubinski. Ich bin Sozialarbeiter und komme im Auftrag des Gesundheitsamtes."

Das sollte doch wohl ein Witz sein! Bis zu diesem Tag verknüpfte sich das Wort Gesundheitsamt für Karin mit der Vorstellung von ärztekittelweißer Sauberkeit, Korrektheit, Respektsperson.

„Sie sind in einem extrem schlechten Zustand. Ich bin da, um Ihnen zu helfen“, sagte der Zottelige.

War es also keine Finte? Nun gut, die Anwesenheit dieses Typen war wenigstens geeignet ihre Gedanken aus der Sackgasse zu holen. Wie kamen ihre Eltern bloß hierher?

„Ihren Freund habe ich schon untergebracht.“

Untergebuttert, dachte Karin bitter. Sie haben ihn untergekriegt, den armen Lutz. Jetzt wollen sie mich auch noch ...

„Karin, Karin“, murmelte da ihr Vater, „wie ist das bloß möglich?“

Wo kamen die Eltern her, verdammt noch mal? Und warum sah der Sozialarbeiter sie dauernd mit so einem mitleidtriefenden Blick an?

Fünf gegen eine, Karin. Kapituliere! Hiss die weiße Fahne, deine Zeit ist um. Jetzt schlägt die Stunde der bigotten Abstinenzler.

„Karin, sag doch, ob es stimmt.“

„Ja.“ War sie das gewesen? Hatte sie sich soeben zu ihrer Sucht bekannt?

Ihr Vater sprang auf, bevor Karin Zeit fand ihr Geständnis zu überdenken, vielleicht abzuschwächen. Angst kroch in ihr hoch und reduzierte sich auf den Gedanken, ihr Vater könne sie zum ersten Mal schlagen. Was dann geschah, war ihrer Ansicht nach nicht minder ungeheuerlich. Er riss sie an sich. Wortlos. Gefühlsregungen waren ihm immer peinlich gewesen. Wie sollten ihm jetzt ausgerechnet vor fremden Menschen persönliche Worte leicht über die Lippen kommen? Er begann zu stammeln, setzte neu an, rang um jedes Wort. „Wer hat dich an das Zeug gebracht? Man muss doch ganz ohne Hoffnung sein, bevor man zu Rauschgift greift. Sind wir daran schuld?"

Über seine Schulter hinweg suchte Karin den Blick ihrer Mutter. Diese hilflos in sich zusammengesunkene Frau war ihre erbitterte Gegnerin beim Katz-und-Maus-Spiel gewesen. Hatte ihr nachspioniert, Taschen und Schubladen durchgewühlt, sie wieder und wieder mit der Frage konfrontiert, warum sie sich nicht endlich um neue Arbeit bemühe oder eine Kur beantrage. Warum sie nur daliege und vor lauter Nichtstun regelrecht dahinwelke.

Das immer häufigere Stochern der Mutter in ihrer Intimsphäre hatte Karin anfangs nur nervös, in letzter Zeit aber fast wahnsinnig gemacht. „Ich bin froh, dass das Versteckspielen ein Ende hat", sagte Karin. Es klang aufrichtig.

Der Sozialarbeiter atmete hörbar auf. „Wir wollen Ihnen helfen von der Sucht runterzukommen. Zuerst brauchen Sie ärztliche Hilfe. Ich sorge für Ihre Einweisung ins Krankenhaus."

Karin begehrte nicht auf, weil ein Fremder sich anschickte über sie zu verfügen. Ihre Erleichterung, vom schlimmen Verstellen endlich befreit zu sein, war echt. Dafür würde sie sogar wieder einen Krankenhausaufenthalt ertragen.

„Haben Sie und Lutz was Schlimmes angestellt?“, hakte der Hausherr nach. Ihn befriedigte der Verlauf des Gesprächs nicht. Er blieb misstrauisch gegenüber der plötzlichen Harmonie-Euphorie. „Unser Junge hat nie was vermisst. Wir haben ihm alles gegeben, was sich ein Kind nur wünschen kann. Er hat sogar eine eigene Wohnung gehabt. Aber ohne Grund steigt einer wie er nicht aus der Wirklichkeit aus. Was ist es also? Haben Sie geklaut oder wie sonst …?“

Karins spürbare Erleichterung übertrug sich auf ihre Mutter und brachte Leben in sie. Frau Bieber dachte an das, was sie nach Andy Lösers Tod gelesen hatte, und fiel dem Mann ins Wort. „Die beiden sind irgendwann von anderen Süchtigen zum Mitmachen verführt worden und haben den Rückweg nicht mehr gefunden. So war's doch, Karin?“

„Ja“, antwortete sie, „so war es.“ Dass bei ihr keine Verführung stattgefunden hatte, dass es ihr freier Wille gewesen war, zur Nadel zu greifen, gehörte nicht vor diese Zuhörerschaft. Karin ahnte, dass die meisten Erwachsenen den Grund einer Verfehlung verstehen mussten um verzeihen zu können. Ihren Einstieg aber würden sie nie begreifen, weil weder vergebliche Suche nach einem lohnenden Lebensinhalt noch gar Selbsthass verständliche Begriffe für sie waren. Und der Schmerz, den sie betäubte, um überhaupt noch aufstehen zu können? Ihre Mutter würde Aspirin empfehlen, das ihr und Abertausenden angeblich zuverlässig half. Esst Scheiße! Millionen Fliegen können sich nicht irren …

Lutz' Eltern nahmen sie jetzt in eine Art Kreuzverhör. Karin blieb freundlich und verbindlich – noch wirkten die Tabletten. Nur nicht durchdrehen, nur nicht schreien!

Am nächsten Tag ging Karin wirklich ins Krankenhaus. Sie wurde gleich auf die Intensivstation gebracht, wo ihr derselbe Arzt begegnete wie bei ihrem ersten Aufenthalt. Er kam ihr diesmal vollkommen anders entgegen. Da war nichts mehr von Unnahbarkeit, von Gefühlskälte und strafendem Links-liegen-Lassen.

Er verordnete sofort eine Dauerinfusion und verbot seiner Patientin das Aufstehen für mindestens zwei Wochen. Manchmal setzte er sich jetzt außerhalb der regulären Visiten auf ihren Bettrand und klopfte ihr auf die schmale Hand. „Kindchen, Kindchen, wie konnten Sie so was machen? Ich habe Ihre Eltern kennen gelernt. Bei denen kann ich beim besten Willen keine Schuld entdecken. Da hat so ein Mädchen nun einen klugen Kopf, sieht hübsch aus und richtet sich doch mit System zugrunde."

Nach zehn Tagen erst durfte Karin Besuch empfangen. „O Kind, du lagst eine Woche lang auf Leben und Tod!", brach es nach verlegener Begrüßung aus ihrer Mutter heraus. „Wir wollen dankbar sein, dass ..."

„Nicht doch", schnitt der Vater das Jammerlied ab, „der Arzt hat gesagt, wir sollen Fröhlichkeit mitbringen."

Doch Frau Bieber hatte zu lange schweigen müssen. Von nun an würde sie auch aussprechen, was ihr am Herzen lag, einen Verdacht nicht mehr unterirdisch anbohren, sondern offen abtragen. „Karin, wir sind nach wie vor in großer Sorge um dich. Der Arzt hat gesagt, wenn du noch einmal Heroin spritzt, wirst du sterben. Er kann dich darum auch nicht einfach entlassen, wenn es mal so weit ist. Die Gefahr sei zu groß, sagt er. Du musst in ein Entziehungsheim um ganze Sache zu machen."

„Ich hab den körperlichen Entzug hinter mir", antwortete Karin. Sie hatte so viele Medikamente erhalten, dass sie fast nichts gespürt hatte. „Was glaubt ihr wohl, wie froh ich bin, wenn ich das hier geschafft hab? Danach kriegt ihr mich nirgendwo anders mehr hin. Dann will ich nur noch nach Hause."

„Muss das denn unbedingt jetzt besprochen werden?" Der Vater betrachtete seine Tochter mit Sorge. Wie ein halb verhungertes Kind aus Afrika, dachte er erschüttert. Zum Herzerbarmen! Sie hing am Tropf! Zehn Tage und zehn Nächte schon. Und seine Frau regte sie mit ihrem Geschwätz über Entziehungsheim auf. „Christine hat dir einen langen Brief geschrieben", lenkte er eifrig ab. „Soll ich ihn dir vorlesen?"

„Nein, lass nur. Ich lese ihn, wenn ich allein bin. Du kannst ihn mir nur öffnen. Das geht mit einer Hand so schlecht."

Karin fühlte sich von ihrem Arzt auf eine lange Rolltreppe gestellt, von der sie weder seitlich abspringen noch rückwärts fliehen konnte; denn er stand hinter ihr um es zu verhindern.

„Wir haben Platz für Sie", sagte er in der vierten Woche ihres Aufenthaltes. „Solange Sie keinem Entziehungsheim zustimmen, behalte ich Sie hier."

„Das können Sie gar nicht. Wenn ich wieder laufen kann, werde ich gehen."

„Das glaube ich nicht."

„Warum nicht?"

„Weil ich auf Sie gesetzt habe."

„Ich bin kein Pferd."

„Eben. Sie sind viel wertvoller. Das sollten Sie bedenken und Sie sollten entsprechend verantwortungsvoll mit Ihrem Leben umgehen."

Leere Worte, dachte Karin. Was wusste dieser Mann von ihr? Er tröpfelte Nährlösungen und frisches Blut in sie hinein, kannte einige Quadratzentimeter ihres ausgemergelten Körpers und ein kleines, unwichtiges Kapitel ihrer langen Geschichte.

Was bedeutete das schon? Nichts. Aber sie genoss sein Interesse an ihr, wie sie die wiedererwachte Zuwendung ihrer Eltern annahm. Es machte vieles einfacher und erträglicher.

Nach zwei Monaten war Karin in der Lage kurze Strecken auf eigenen Beinen zu gehen.

„Es ist soweit", sagte der Arzt eines Morgens. „Heute fällt die Entscheidung. Ich fahre nächste Woche in Urlaub und möchte das Krankenblatt Karin Bieber bis dahin abgeheftet haben. Entscheiden Sie sich also. Entweder gehen Sie in die Psychiatrische Abteilung des Landeskrankenhauses …“

„Niemals!“

„… oder Sie stimmen der Therapie in einem Erziehungsheim zu.“

„Nein.“

„In einer Stunde komme ich wieder. Dann möchte ich nur noch hören, ob Vorschlag eins oder Vorschlag zwei akzeptiert ist. Gehen Sie davon aus, dass ich diesmal hart bleibe. In einer Stunde.“

„Vorschlag zwei“, meldete Karin ergeben, als der Arzt kam und ihre Antwort wissen wollte. „Weil Sie auf das Pferd gesetzt haben, wird es im entscheidenden Rennen nicht vor dem Hindernis scheuen.“

„Mädchen, Mädchen, Sie lernen immer noch für den Lehrer! Wann werden Sie bloß einsehen, dass unsere Bemühungen niemandem außer Ihnen dienen?“

7

„Langzeit-Therapie“, meinte der Sozialarbeiter Skubinski, „ist das einzig Wahre. Leider gibt es viel zu wenig Plätze. Ich bin direkt stolz auf mich, dass ich für Sie was aufgetan habe. Das Heim liegt im Schwarzwald. Die Krankenkasse trägt die Kosten. Jetzt kommt es nur noch auf Sie und Ihren Willen an, dann sind Sie los von der Droge.“

„Wir sind Ihnen sehr dankbar“, sagte Frau Bieber.

Wenn er was gegen seinen Körpergeruch tun würde, wär *ich* ihm sogar dankbar, dachte Karin. Ihr leuchtete ein, dass die Kripo ihre Leute manchmal grotesk verkleiden musste, damit sie in den Spelunken an die richtigen Gesprächspartner herankamen. Aber dass ein Sozialarbeiter so gammelig aussah, vermochte sie nicht einzusehen. Möglich war freilich auch, dass der junge Mann von Natur aus schlampig war und also gar keine Absicht hinter seinem schmuddeligen Erscheinungsbild lag. Doch wer im Glashaus sitzt, sollte nicht mit Steinen schmeißen! Grüß dich, innere Stimme! Du bist also mal wieder auf dem Plan? Keine Sorge, ich werd schon Acht geben auf mich. Dass mein Haar nicht strähnig ist. Dass mein T-Shirt ordentlich im Hosenbund steckt. Dass … ach, hör schon auf, lästige Bremse! Ich weiß allein, was ich zu tun habe.

Karin reiste in den Schwarzwald. Skubinski hatte angeblich in der Nähe zu tun und brachte sie in seinem Auto hin.

„In dem Märchen Schneewittchen verlangt die Königin von dem Jäger, dass er ihr zum Beweis des ausgeführten Befehls die Leber des Mädchens bringen solle. Was werden Sie zurückbringen?“

„Wenn ich das Märchen richtig in Erinnerung habe, übergibt der Jäger der Königin zur Täuschung eine Tierleber. Sie sehen also, wie sinnlos so etwas ist. Beweise kann man fälschen. Wenn Sie unbedingt abhauen wollen, werden Sie auch später noch eine Möglichkeit finden. Aber das wäre sehr dumm von Ihnen.“

Nachdem Karin einen Tag in Tannenhain gelebt hatte, fühlte sie sich mutlos wie in ihrer allerschlimmsten Zeit. Wenn sie auch keine hohen Erwartungen mit diesem Aufenthalt verbunden hatte, so war doch etwas Hoffnung dagewesen. Und diese Hoffnung hatten bereits die ersten Stunden in dem Protz-Bau zuschanden gemacht. Denn Karin war die einzige Drogenabhängige unter neununddreißig Alkoholikerinnen! Auf je zwanzig Frauen kam ein Therapeut. Das Haus beschäftigte ferner eine Krankenschwester, eine Köchin und eine Putzfrau. Die Besitzerin kümmerte sich nur um die finanzielle Seite.

„Zieh dich an, Karin. Du hast das Frühstück verpennt. Nach sieben gibt's nichts mehr zu futtern. Was willst du lieber, zur Putzkolonne oder in die Küche zum Kartoffelschälen und Gemüseschneiden?

„Putzkolonne?“, echote Karin fassungslos. „Ich bin als Patientin hier.“

„Patientin? Wir auch. Trotzdem.“

„Ich weigere mich. Ganz abgesehen davon, dass ich mich zum Arbeiten zu schlecht fühle, bin ich nicht als Sträfling hier untergebracht worden.“

Gegen Mittag rückte Frau Schober an, genannt „die Chefin“. Ein bisschen Jahrmarkt, eine gute Portion Halbwelt, fand Karin. Der sorgfältig frisierte Lockenkopf changierte farblich zwischen Silber und Lila. Der Blusenausschnitt war zu tief, Lidschatten und Nagellack beleidigten die Augen. „Sie weigern sich bei uns zu arbeiten?“

„Die Krankenkasse bezahlt meinen Aufenthalt. Ich bin nicht zum Arbeiten hier."

„Ihr seid allesamt verkommene Weiber, Säuferinnen und Verrückte!"

Karins Schläfen pochten. „Was haben Sie da gesagt?"

Frau Schober rauschte ohne Antwort davon und ließ eine Wolke schweren Parfüms zurück.

Hoffentlich wiederholt die das noch mal, wenn ein Zeuge dabei ist, wünschte sich Karin. Sie beschloss, nun erst recht keinen Handschlag in diesem Haus zu tun, selbst wenn sie vor Langeweile umkäme.

Beim Mittagessen sagte ihre Tischnachbarin zu ihr: „Wir setzen nachmittags Trachtenpuppen zusammen und kleben ihnen Haare und Hüte auf. Willst du dich da auch ausschließen?"

„Ich sagte doch schon, dass ich nichts tun werde."

„Dann darfst du donnerstags nicht mit ins Hallenbad."

„Was hat das Hallenbad mit meiner Arbeit zu tun?"

„Wir müssen uns durch die Heimarbeit unser Fahr- und Eintrittsgeld verdienen."

„Und was ist mit der Hausarbeit?"

„Die läuft nebenher. Dafür gibt's nichts."

Karin regte sich furchtbar auf. Saß sie denn zwischen einem Haufen recht- und willenloser Kulis? War denn da keine einzige Frau unter diesen neununddreißig, die den Mut hatte zu protestieren? „Ich bleibe dabei, mit mir können die das nicht machen." Sie nahm sich vor, ihren Therapeuten zu fragen, was er von diesen Dingen hielte. Wahrscheinlich wusste der gar nichts davon, dass die kranken Frauen stumpfsinnige Arbeiten tun mussten, damit die „Chefin“ bezahlte Kräfte einsparen konnte. Na warte, du angestrichene Hexe, ich lege dir das Handwerk!

„Arbeit ist ein Teil der Heilbehandlung“, belehrte sie der Therapeut, dem sie zugeteilt war. „Aber Sie können selbstverständlich nein sagen, wenn Sie keine Lust haben. Es geschieht alles auf freiwilliger Basis.“

„Es geht nicht um Lust. Die Frauen werden schamlos ausgenutzt und missbraucht. Da mache ich nicht mit.“

„Harte Worte, Fräulein Bieber. Diese Frauen sind Alkoholikerinnen, die von ihrer schrecklichen Sucht abgelenkt werden müssen. Womit könnte man das besser als mit Arbeit?“

Am Abend telefonierte Karin aus einer nahen Zelle. Die gab's immerhin und das Gebäude des Heims durfte sie auch zu kurzen Spaziergängen verlassen. „Holt mich nach Hause, Mutti, ich werde hier verrückt!“

„Du musst durchhalten, Karin. Es ist deine letzte Chance, sagt der Arzt. Ich würde an dir schuldig werden, wenn ich nachgäbe. Bleib, Kind. Das ist vielleicht eine schwere Eingewöhnungszeit, aber wenn du dann wieder ganz gesund wirst ...“

Karin brach das Gespräch ab. Hilfe von den Eltern? Ha! Sie waren nach wie vor dieselben Duckmäuser, Leisetreter, Mitläufer. Eine weinerliche Stimmung packte sie und ließ sie tagelang nicht los. Mit den Alkoholikerinnen hatte sie nichts zu schaffen. Die hatten sich den Verstand schon restlos versoffen. Der Umgangston der Frauen war primitiv, manchmal gemein.

Die Gespräche mit ihrem Therapeuten brachten für beide Teile nichts. Er war gewöhnt, Antworten zu erhalten. Karin konnte sie ihm nicht geben. Schon die Frage, warum sie süchtig geworden sei, vermochte sie nicht klar zu beantworten.

„Die anderen Frauen nennen mir die Ursache", beklagte sich der Therapeut. „Mein Mann schlug mich; ich war zu oft allein; ich war meiner Arbeit nicht gewachsen; ich wurde mit der Tatsache, dass mein Mann eine Geliebte hatte, nicht fertig. Sehen Sie, das sind Gründe! Da hat man was, um anzusetzen. Bei Ihnen schlägt nichts durch."

„Ich habe nichts Konkretes zum Herzeigen. Soll ich für Sie was erfinden?"

„Ich verschwende meine Zeit an Sie. Die andern sind nicht verstockt. Denen ist zu helfen."

△

Einmal in der Woche durfte Karin gegen Quittung fünf Mark ihres mitgebrachten Geldes abholen. Bei der Ankunft waren Bargeld und Wertgegenstände in einen Tresor eingeschlossen worden.

„Für Porto oder eine Tafel Schokolade", stellte der Therapeut bei der Geldausgabe klar. „Nicht für Schnaps."

Sie kaufte Briefmarken – für sie einziger Schlüssel zur Außenwelt – und wechselte ein paar Briefe mit Lutz, der inzwischen in Berlin lebte. Er war lange vor ihr aus der Krankenhausbehandlung entlassen worden und hatte nicht gleich in einen Therapieplatz vermittelt werden können. Daraufhin war er rückfällig geworden und seine Eltern hatten sich von ihm losgesagt. Womit er augenblicklich sein Geld verdiente, konnte Karin nur ahnen. Der Junge interessierte sie nicht mehr besonders. Seit sie getrennt worden waren, wusste sie, dass ihre Beziehungen mit der gemeinsamen Sucht standen und fielen.

Er berichtete manchmal in seinen Briefen von Bekannten aus der Scene. Auf diese Weise erfuhr Karin, dass Ulli das Entziehungsprogramm abgebrochen habe und nach kurzer Stippvisite bei seinem Bruder inzwischen im Ausland untergetaucht sei.

Wenn sie alle Informationen zusammennahm, musste sie feststellen, dass außer Mike, dem Plakatmaler, kein Einziger den Ausstieg auf Dauer geschafft hatte. Das stimmte sie bedenklich.

Vergeblich versuchte sie etwas über Henning in Erfahrung zu bringen. Vielleicht war er Andy längst gefolgt und seine Mutter goss Blumen auf seinem Grab. Es wäre gut, dachte Karin, wenn sie ihn endlich vergessen könnte. Aber je mehr sie sich bemühte, den hübschesten und nettesten Jungen, den sie je kennen gelernt hatte, aus ihren Gedanken zu verdrängen, um so häufiger tauchte er in ihren Träumen auf.

Auch von daheim erhielt sie Post. Einmal sogar zwei Briefe an einem Tag, weil ein Elternteil vor dem andern verheimlichen wollte, dass er zehn Mark zwischen den

Bogen gelegt hatte. Denn das war, wie sie wussten, laut Hausordnung verboten.

„Ihre Eltern haben unvernünftigerweise Geld in den Umschlag gesteckt", beschwerte sich die „Chefin". „Ich lege es zu Ihrem andern. Bestätigen Sie das hier."

Sie schrieb ihren Eltern kurz, ohne das Geld zu erwähnen, dass ihre sämtliche Post geöffnet und der Inhalt kontrolliert werde. Im Geiste hörte sie den Vater zu sich selber sagen: „Sie können gar nicht jeden einzelnen Brief konfiszieren. Mein Schein war so geschickt verborgen, den werden sie von außen nicht gefühlt haben." Ja, dachtest du, Papa!

Die sogenannte Bibliothek, aus Spenden finanziert, war ausschließlich auf den Geschmack der Hausbesitzerin zugeschnitten. Karin las sich in einer Woche durch den Querschnitt an seichten Liebes- und Abenteuerromanen. Danach saß sie geistig total auf dem Trockenen. Ihre Unruhe nahm wieder zu. Lange würde sie nicht mehr bleiben, das stand für sie fest.

Da kam eines Tages ein lieber Brief von Christine. Und was die Texte ihrer Eltern nicht bewirkt hatten, löste jetzt das Briefchen der Schwester aus: jammervolles Heimweh. Sie musste nach Hause! Die kleine Christine brauchte ihre große Schwester – oder war es umgekehrt? Sie würde Christine bei den Hausaufgaben helfen, mit ihr Eis essen gehen, ihr hübsche Frisuren kämmen. Wenn sie nicht umgehend zurückging, würde sie die schönste Zeit mit ihrer einzigen Schwester versäumen. Sie steigerte sich immer mehr in diesen Gedanken hinein. Sofern es ihr gelänge, an ihr Geld zu kommen, könnte sie heute noch mit der Eisenbahn heimfahren. Sie hörte, dass die Außentür zur Nacht verriegelt wurde. Zu spät für heute. Aber morgen. Morgen würde sie fahren. Und wenn sie ihr Geld nicht aus dem Tresor rauskriegte, würde sie die Eltern noch mal anrufen. Die mussten kommen und sie holen. Gleich morgen. Der tröstliche Gedanke lullte sie ein.

Am nächsten Morgen sah sie verhältnismäßig rasch ein, dass sie an das Geld im Tresor nicht herankommen würde. Sie lief gleich nach dem Frühstück zur Telefonzelle.

„Holt mich zurück, Mutti! Nein? Dann hau ich ab! Du hast keine Vorstellung von dem, was hier vorgeht ...! Ich hab gesagt, ich haue ab. Nein, ich melde mich nicht mehr." Heulend trat Karin aus dem Telefonhäuschen. Sie fühlte sich verstoßen. Aufs Abstellgleis geschoben. Ausgestoßen wie eine Leprakranke.

„Nicht weinen", sagte ein Mann, der gerade um die Zelle herumkam. Es war der Therapeut der anderen Gruppe, mit dem sie bisher noch nichts zu tun gehabt hatte. Verständnisvoll sah er das Mädchen an. „Ich wusste, dass das nicht gut gehen konnte. Eine Drogenabhängige unter lauter Säuferinnen."

Karin war wachsam. Wollte er sie aushorchen?

„Möchten Sie sich ein bisschen unterhalten?", fragte er freundlich. „Kommen Sie. Gehen wir den Waldweg lang."

Sie ließ sich willig wegführen. Nach der Enttäuschung über ihre Mutter mochte sie nicht allein sein.

„Was hier gemacht wird", fuhr der Mann fort, „reicht einfach nicht aus. Hier sind Sie nur verwahrt. Ich war mal vorübergehend in Frankfurt als Drogenberater eingesetzt. Da hatten sie eher was anzubieten. Da wurden Auswege gezeigt, da arbeitete man darauf hin, dass die Süchtigen aus sich selbst heraus die Kraft entwickelten frei zu werden. Man muss das nämlich so sehr wollen, dass nichts anderes mehr wichtig ist als dieses *Ich will.* – Es stimmt vieles nicht in Tannenhain."

„Die Schober hat uns als Verrückte beschimpft."

„Das glaube ich Ihnen aufs Wort. Vergessen Sie's. Nehmen Sie solche Ausrutscher nicht tragisch. Sehen Sie, die Frau ist überhaupt nicht geschult. Sie war früher Friseuse und hat dieses Haus von der Abfindung gekauft, die ihr der geschiedene Ehemann gezahlt hat. Anfangs war's noch toller. Da hat sie die Sache ohne einen einzigen Therapeuten durchgezogen. Eins muss man ihr lassen, sie hat eine ausgezeichnete Nase für gute Geschäfte. Mit dem Elend der Menschen ist viel Geld zu machen, wenn man's richtig anstellt. Was das Schlimmste ist: Kein Aas kontrolliert richtig. Wenn hier wirklich alle Jubeljahre mal jemand von der Krankenkasse aufkreuzt, dann begnügt sich der aus lauter Höflichkeit mit 'nem Rundgang und 'nem Mittagessen; begrüßt die Krankenschwester und die zwei Therapeuten, schluckt anstandslos Frau Schobers dreiste Lüge, die andern seien zur Zeit nicht abkömmlich, und verabschiedet sich ohne eine Patientin unter vier Augen gesprochen zu haben. In privaten Altersheimen ist das ähnlich. Dem Staat wird die Drecksarbeit abgenommen und jeder ist froh darüber."

„Warum sagen Sie denn nichts?"

„Ich?" Der Mann lachte bitter auf. „Ich stehe schon auf der Abschussliste, weil ich den Mund mehrfach aufgemacht hab. Augenblicklich befinde ich mich noch in meiner Probezeit, die ich auch nur durchhalten will, weil ich meine Gruppe nicht im Stich lassen möchte. Danach werde ich meine Zelte hier abbrechen. Ich kann zum Unrecht nicht dauernd schweigen."

„Ich will auch abhauen. Mich kotzt das hier an. Am liebsten würd ich einen Trip schmeißen oder wieder Heroin drücken, nur um alles zu vergessen. Es ist die Hölle!"

Er winkte ab. „Das hier ist traurig. Aber die Hölle ... Fragen Sie mal ein paar Leute, die schon länger Koks nehmen, was die Hölle ist. Die können Ihnen das sehr genau sagen."

„Zu Ihnen könnt ich Vertrauen haben. Schade, dass ich nicht in Ihrer Gruppe bin."

„Ich will sehen, was ich für Sie tun kann. Wir sollten versuchen ab und zu einen Spaziergang zusammen zu machen." Er streckte ihr die Hand entgegen. „Und uns duzen. Ich heiße Albert Mönckeberg. Deinen Namen kenne ich."

„Okay, Albert. Sag mal, wenn du nun mit dem anderen Therapeuten sprichst, ob nicht eine Frau mit mir den Platz tauschen kann, denkst du, das geht?"

„Nein, und zwar aus zwei Gründen. Erstens trete ich prinzipiell keinen Menschen, der mir anvertraut ist, freiwillig an ihn ab. Zweitens hat er einen Klüngel mit der Schober. Er würde mir mit dem größten Vergnügen unlautere Absichten unterstellen, nur um mir heimzuzahlen, dass ich ihm kürzlich hinter sein Verhältnis gekommen bin."

„Mann, was für Komplikationen!"

„Wo Menschen sind, gibt's Schwierigkeiten. Manchmal wünsch ich mir als Einsiedler in den Anden zu leben und nur von ein paar Schafen umgeben zu sein. – Gehn wir."

Albert Mönckeberg bekam zwei Wochen später wegen Karin großen Ärger. Als er seine Einzelgespräche mit dem Mädchen mit seiner Erfahrung als Drogenberater begründete, beschied ihn die Besitzerin: „Wir brauchen Therapeuten, die sich einfügen, keine Leute, die dauernd Ärger machen. Ich bin nicht bereit Sie nach Ende Ihrer Probezeit weiter zu beschäftigen. Wenn Sie wollen, können Sie sofort gehen."

„Ich bin soeben gegangen worden. Schade um meine Gruppe. Pack deine Koffer, Karin, wir reisen ab."

„Was ist denn passiert, Albert? Ach, ist ja egal. Du willst mir hier raushelfen? Das vergess ich dir nie!"

„Die Schober ist nicht da. Sie hat der Krankenschwester den Tresorschlüssel gegeben, das hab ich gesehen. Geh hin und schau, dass sie dein Geld rausrückt."

Im Auto fragte Karin: „Was wirst du jetzt machen?"

„Dich nach Hause bringen."

„Das meine ich nicht. Was wirst du beruflich tun?"

„Ich weiß nicht. Es wird sich finden."

„Du bist nicht verheiratet? Oder irgendwie gebunden?"

„Doch. An meinen Beruf."

„Du willst nicht darüber reden?"
„Nein."
Karin war so froh, der „Verwahranstalt" entronnen zu sein, dass sie das dringende Bedürfnis hatte Albert etwas Gutes zu tun. Als sie dann auf eine Tasse Kaffee in einer Autobahnraststätte Halt machten, bot sie ihm spontan ihr ganzes Geld an. Aber er wollte nichts annehmen. „Dass es so was wie dich überhaupt noch gibt", wunderte sie sich. „Ich hab ehrlich geglaubt, die guten Menschen wären ausgestorben."
„Übertreib nicht. Dankst du etwa einem Buchhalter dafür, dass er sich nicht verrechnet hat? Oder einer Verkäuferin, dass sie dich bedient? Ich mache nur meinen Job. Mehr nicht."
„Viel mehr. Aber du wärst nicht du, wenn du's zugäbst."

Albert fuhr erst mit Karin nach Frankfurt zur Drogenberatung, wo man ihn stürmisch begrüßte. „Hallo, kommst du wieder zu uns? Prima, alter Junge!" Hier war er beliebt gewesen. Das war jetzt noch zu spüren.
Er dämpfte den Wirbel. „Leute, macht halb lang! Ich bringe euch nur jemanden, der ein paar Adressen von guten Entziehungskuren braucht. Aber wenn ihr außerdem noch 'n Tee für uns habt, sagen wir nicht nein."

Karins bedingungsloses Vertrauen zu Albert Mönckeberg wurde nicht enttäuscht. Er rechtfertigte den Abbruch ihres Aufenthaltes in Tannenhain vor ihren Eltern mit viel Überzeugungskraft.

„Ich glaube Ihnen das alles", sagte Herr Bieber nach seinem dritten Schnaps. „Aber wie ist denn so was möglich, dass eine Krankenkasse über Jahre hinweg für eine Einrichtung zahlt, die sie nicht überprüft? Das versteh ich nicht!"

„Solche Häuser bucht man gern nach Prospekt. Schauen Sie sich diese Fotos an! Die Krankenkassen sind überzeugt, ihren Versicherten was ganz Besonderes zu bieten. Das Heim wirkt nach außen wie ein Luxushotel und liegt in einer Ferienlandschaft. Das ist die eine Sache. Hinzu kommt, dass Entziehungsheime eine gewisse Zurückhaltung von ihren jeweiligen Trägern verlangen. Die Anonymität der Patienten soll nach Möglichkeit gewahrt bleiben. Die betroffenen Frauen schweigen in Tannenhain aus Scham und die Krankenkassen halten sich aus Bequemlichkeit zurück. Dadurch wird viel Dreck unter den Teppich gekehrt. Die Verantwortlichen verschließen meinem Eindruck nach bewusst die Augen. Sie verstehen zu wenig von dem, was eine gute Suchttherapie ausmacht."

Frau Bieber blickte den jungen Mann Hilfe suchend an. „Aber Karin darf nicht rückfällig werden! Sie braucht doch eine Therapie. Das hat uns der Arzt ausdrücklich gesagt."

„Das ist richtig. Ihre Tochter hat einige Adressen ..." Er kratzte sich nachdenklich am Kinn. „Wenn du hinschreibst", wandte er sich dann an Karin, „bezieh dich auf die Frankfurter Drogenberatung, dann geht's vielleicht schneller mit einem Platz."

Karin begleitete Albert zum Auto. „Wir werden uns nach menschlichem Ermessen nie wiedersehen", sagte sie traurig. „Dich hätt ich gern früher kennen gelernt. Vielleicht wäre dann einiges anders."

„Nichts wäre anders. Der Ausstieg aus der Abhängigkeit geschieht nur aus dir allein. Dein Problem ist, einen Menschen zu finden, für den du lebenswichtig bist. Es muss jemand sein, der dich ganz braucht. Der deine ungeteilte Kraft fordert. Eine Kraft, die weder durch Drogen noch durch Alkohol oder sonst was beeinträchtigt sein darf. Aber das musst *du* schaffen, Karin. Du allein."

„Mach's gut, Albert. Wenn du mal nichts anderes zu tun hast, freu dich drüber, dass du mein erster guter Mensch warst."

Er lächelte.

8

Vier Tage war Karin zu Hause, als der immer noch stinkende ziegenbärtige Sozialarbeiter erschien um nach seinem „Fall" zu sehen.

Karin tat stark und selbstbewusst. „In Tannenhain war ich am total falschen Ort", sagte sie. „Aber ich hab die Zeit genutzt um mir über meine Zukunft klar zu werden. Ich hab mir Adressen von wirklich guten Heimen besorgt. Da werde ich mich um einen Therapieplatz bemühen, damit ich ganz in Ordnung komme. Ich weiß jetzt selber, dass es mein Todesurteil wäre, wenn ich wieder abhängig würde."

„Haben Sie das nicht schon immer gewusst?"

„Gewusst vielleicht, aber bestimmt nicht wahrhaben wollen. In Zukunft bleibe ich garantiert draußen. Wenn ich mit der Therapie durch bin, werde ich wieder arbeiten und Geld verdienen. Ich hab letzten Endes einen Beruf, in dem ich vorwärts kommen kann."

Der Mann horchte auf. Das waren ja richtig gesunde Perspektiven! Sein Einsatz hatte sich gelohnt. „Ja", meinte er überzeugt, „diesmal packen Sie's wohl, mit Ihrer Sucht fertig zu werden. Im europäischen Heroinland Nummer eins ist das ein seltenes Ereignis, glauben Sie mir. Ich habe neuerdings immer mehr Kinder unter meinen Fürsorgefällen. Die sind überhaupt nicht für eine Behandlung zu motivieren. Da kann man schon verzweifeln, sag ich Ihnen. Vom Kakao direkt zum Heroin, das ist ein Sprung!"

„Wie gut, dass Sie sich nun nicht mehr um mich zu kümmern brauchen", tröstete Karin ihn mit verstecktem Spott. Nun geh endlich!, wünschte sie.

„Nicht ganz falsch. Diese Jüngsten machen mir gewaltig zu schaffen. Die kommen mir glatt mit ‚Na und?', wenn ich ihnen die tödlichen Folgen ihrer Drogensucht vor Augen führe. Wissen Sie, die nehmen ihr Ende ganz bewusst in Kauf. Intensiv gelebt, schnell gestorben. Manchmal denke ich sogar, sie suchen den Tod als eine Art Spiel oder so. Ja, und daneben hab ich's dann mit den Älteren zu tun, die immer wieder rückfällig werden. Frustrierend, sag ich Ihnen."

„Ich danke Ihnen jedenfalls für das, was Sie für mich getan haben", sagte Karin mit so viel falschem Pathos, dass es ihm eigentlich hätte auffallen müssen. Sie dachte: Kapierst du endlich, dass ich dich rauslobe? Einen Kehricht hast du für mich getan, du selbstgerechter Quatscher! In einem Industriebetrieb müsstest du in acht Stunden was vorzeigen, sonst würden sie dich absägen wie den armen Lutz. Aber in deinem Beruf wird's hell und dunkel über sinnlosem Geschwafel, an dem du dich aufgeilst und für das du auch noch bezahlt wirst. Du wunderst dich über den Fatalismus unter den Süchtigen? Wo bleibt denn deine überzeugende Alternative, he? Du bist doch der Allerletzte, der einen Abhängigen durch sein Vorbild oder seine Persönlichkeit auch nur zum Nachdenken bringen könnte. Leuten wie Albert Mönckeberg kannst du nicht mal das Wasser reichen! Die suchen nämlich keinen Job, sondern eine Aufgabe für einen ganzen Menschen. Jetzt erst bemerkte sie seine Hand.

„Wo waren Sie mit Ihren Gedanken, Fräulein Bieber?" Milde Nachsicht in seinem salbungsvollen Ton. „Wiedersehen."

„Ja, tschüs." Den war sie los. Wenn die Ämter bei Alkoholikern und Drogensüchtigen wirklich etwas ausrichten wollten, dachte Karin, würden sie Spitzen-Ärzte, Spitzen-Psychologen und Spitzen-Therapeuten an die Front schicken. Die meisten der braven Bürger bezeichneten

Fixer und Alkoholiker als „Bodensatz“, „Geschmeiß“, „dem Untergang geweihte Leute“. Solange das Gesundheitsamt Typen wie diesen Sozialarbeiter zu „Fällen“ schickte, lag darin eindeutig ein negatives Werturteil über die Betroffenen. Sie sollten sich demnach – gewissermaßen amtlicherseits abgesegnet – als einem reinigenden Ausscheidungs- und Beseitigungsprozess anheim gegeben betrachten. Sie hatte in Tannenhain einmal mit Albert darüber gesprochen und er hatte zynisch geantwortet, in den Ämtern und in der Gesellschaft mache sich eine „Endlösungsgesinnung“ breit, die darauf hoffe, dass sich das Problem mit den Hilflosen durch den Tod von selbst erledige. Das Schlechteste ist gerade gut genug. So sieht eure verdammte Hilfe aus.

△

Karin Bieber war neunzehn, als sie für sich persönlich keine Hoffnung mehr sah. Ihr Elternhaus als sicherer Hort, als Zufluchtsstätte? Herrje, Einsamkeit gebar wahrhaftig absurde, törichte Gedanken. Seit ihrer Rückkehr schienen ihre Eltern nur das eine Ziel zu haben sie auf schnellstem Wege wieder loszuwerden. Weshalb sollten sie sie wohl sonst ein paarmal am Tag mit der Frage nerven, ob sie sich inzwischen ernstlich um einen neuen Heimplatz bemüht habe?

Und dann die Sache mit Christine. Wie schön hatte sie sich die Beziehung zu ihrer Schwester ausgemalt! Aus der Traum. „Ich hab keine Schwierigkeiten mit den Schularbeiten. Du brauchst mir wirklich nicht zu helfen, Karin.“

„Ins Eiscafé? Och, Karin, du weißt doch, ich hab's dir ja geschrieben, dass ich nachmittags Ponys striegele und den Stall ausmiste. Dafür darf ich dann ohne Bezahlung reiten." „Probleme? Nee, nicht dass ich wüsste. Du könntest mir höchstens bei den Briefen an Tom Cruise und David Hasselhoff helfen. Ich hätt gern von jedem ein Foto mit Autogramm. Aber sonst ..."

Karin fragte sich, ob es auf der Welt einen überflüssigeren Menschen gäbe als sie. Nirgends wurde sie gebraucht. Für sie existierte keiner, der ihre ungeteilte Kraft nötig hatte. Für wen sollte sie sich noch länger clean halten?

Und dann ging Karin zum Bahnhof und kam mit zwei Gramm kristallinem Heroin zurück. Sie wollte keinen Versuch mehr machen ihre innere Leere auszufüllen. Das hatte sie längst hinter sich. Was sie suchte, hatte ihr nichts und niemand geben können. Wieso sollte das in Zukunft anders sein? „... lass dich treiben, weiter nix." Gut so, Ulli! Es kam darauf an, Ruhe zu finden. Wichtig war darum allein der Gedanke, woher sie Stoff bekäme.

Gewiss, manchmal gab es Augenblicke, in denen sie eine Sehnsucht überfiel nach dem, worüber sie immer gespottet hatte: nach einem Hauch heiler Welt. Das geschah aber nur in Verbindung mit Christine. Einmal, als sie sah, dass die „Kleine" ihr Schulbrot, sorgfältig wie ein Geburtstagsgeschenk verpackt, in ihre Mappe steckte. Dann, als Christine ihr stolz den Brief ihrer amerikanischen Brieffreundin vorlas. Und öfter, wenn die Schwester vom Reitplatz kam und einen urgesunden Stallgeruch hereintrug.

Dann konnte es geschehen, dass Karin sich für einen Moment wünschte ein satter, zufriedener Bürger zu sein, für einen Mann Brote zu streichen, einem Kind den Hosensaum auszulassen, einen Sonntagskuchen zu backen. Wenn sie dann allerdings an ihre Eltern dachte, bekamen diese Dinge gleich wieder den verhassten muffigen Beigeschmack, der sie zum Brechen reizte.

Sie wollte nicht mehr raus aus der Scene. Wenn sie was genommen hatte, war sie zufrieden.

△

Ihre Mutter kam gerade herein, als sie sich frühmorgens in der Küche ein Glas Saft eingoss. Karin fühlte sich unangenehm beobachtet und das stimmte auch. „Nimm's mir nicht übel, Karin. Ich hab den Eindruck, du lässt dich augenblicklich wieder sehr gehen. Als du aus Tannenhain zurückkamst, warst du besser dran als jetzt. Das macht das lange Nichtstun. Dafür sind wir Menschen nicht geschaffen. Davon muss man ja krank werden. Such dir wieder Arbeit. Und wenn's vorerst für halbe Tage ist. Dass du nie wirklich vorhattest dich um einen neuen Heimplatz zu bemühen, haben wir inzwischen erkannt."

„Bist du nun fertig?"

„Nein, das bin ich nicht. Papa und mir fällt es nicht eben leicht, dich mit Essen und Kleidung zu versorgen und deine Krankenkassenbeiträge zu zahlen. Als sie dir die Arbeitslosenunterstützung strichen, haben wir dich freiwillig weiterversichert. Und wie gut! Stell dir mal vor, deine Zeit im Schwarzwald wär voll zu unseren Lasten gegangen."

„Kommst du endlich zur Sache?“

„Such dir eine Arbeit.“

„Das sagtest du schon. Wär’s das?“

„Ja.“

„Mir ist im Moment gesundheitlich nicht nach Arbeiten.“

„Es muss nicht heute sein, aber bald.“

Karin schloss sich einigen Fixern an, die sie in ihren Autos auf größere Besorgungstrips mitnahmen. Die Pusher am Ort wurden immer unverschämter in ihren Forderungen. Trotz der Zwangslage hielt etwas sie davon ab, auf billigere Imitate umzusteigen, auf Crack, Fentanyl oder Phencyclidin zum Beispiel. Sich selbst erklärte sie die Zurückhaltung damit, dass sie in ihrem Gehirn einen Winkel für Warnung und Alarm reserviert habe. Sie hatte gelesen, die hohe Todesrate unter den Abhängigen resultiere daraus, dass Stoffe, die bei Designerdrogen zum Verschnitt benutzt würden, toxisch sein oder aber untereinander hochgiftige Verbindungen eingehen könnten. Und dass höchstens 0,1 Prozent des Pulvers aus Opiaten unbekannten Reinheitsgrades bestünden, während 99,9 Prozent aus irgendwelchem Zeug zusammengemengt würden. Nur im Glücksfall handele es sich dabei um harmlose Bestandteile wie Milchpulver. Synthetische Drogen entstanden neuerdings allerorten in Küchenlabors. Häufig wurden sie von unsauberen Leuten betrieben, die nicht einmal über die geringsten Kenntnisse hinsichtlich chemischer Zusammenhänge verfügten. „Labs"-Adressen gab es in letzter Zeit reichlich in User-Kreisen.

Biggi hatte damals im Krankenhaus erwähnt, Justus Teppe mache für ausgesuchte Leute günstige Preise. Aber an den Goldneffen wollte sie sich wirklich nur im größten Notfall wenden. Zum ersten Mal hatte Karin gleich zweierlei zu schaffen: Sie musste Geld und Stoff auftreiben. Paradiesische Zeiten, in denen ein Mike, ein Ulli, ein Lutz ihr die finanziellen Sorgen abgenommen hatten.

Ein paarmal bediente sie sich in den Portmonees ihrer Eltern. Aber dann merkte sie, dass zumindest ihre Mutter misstrauisch geworden war. Eine Zeitlang lag ihr Geldbeutel herausfordernd offen da und enthielt seltsam glatte Beträge. „Mir bist du nicht gewachsen", murmelte Karin böse. „Köder auslegen! Kindisch!" Sie holte die elektrische Nähmaschine aus der Abstellkammer und tauschte sie gegen ein paar Gramm stark gepanschtes Heroin. Das war kurz vor den Schulferien. Dann reisten die Eltern mit Christine ab und Großmutter kam.

„Mein Kindchen, ich werde dich bekochen. Sollst mal sehen, wie gut Omas Küche ist. Kalbfleischbrühe und Kohlrouladen, Gemüseeintopf und gefüllte Pfannkuchen, solche Sachen gibt's bei mir, da stecken Kraft und Saft drin. Dafür hat deine berufstätige Mutter gar keine Zeit. Mich wundert's nicht, dass ihr alle ausseht wie das Leiden unseres Herrn."

Karin wollte sich das Wohlwollen der alten Frau gern erhalten. Da hieß es, erfinderisch zu werden, wenn einem jemand gegenübersaß, der den Weg eines jeden Bissens vom Teller bis zum Mund verfolgte. – „Stell mir das leckere Omelett nur hin. Ich esse es, wenn ich heut Nacht wiederkomme. Aber ja, auch kalt.“ – Nur bei Omas selbst gemachtem Holundersekt sagte Karin nicht nein. Dabei plauderte es sich so gemütlich mit dem runden Großmütterchen und Durst hatte Karin sowieso ständig. „Kindchen, nun glaub ich doch, dass ich alt geworden bin. Hab ich mich doch zu Hause um genau hundert Mark verzählt. Das wäre mir früher nie passiert. Als ich herkam, war ich der festen Annahme, sechs Hunderter mitgebracht zu haben. Dabei waren es nur fünf, wie ich heute anhand meiner täglichen Eintragungen und durch Nachzählen festgestellt habe.“

Karin dachte: Es trifft keinen Bedürftigen, nicht wahr, Omi? Schade, ich hab nur einen Schuss für den Schein gekriegt. Du führst also Buch? Dann muss ich vorsichtiger werden! „Vielleicht hast du hundert Mark verloren oder jemand hat sie geklaut.“

„Ha ha ha, nein, alt bin ich ja wohl, aber nicht total verkalkt. Wer mich bestehlen will, muss sehr früh aufstehen.“ Die alte Frau schenkte beiden noch einmal ein. „Kindchen, als du deine Arbeit verlorst, hab ich deinen Eltern Geld geschickt. Damit sollten sie ein Sparkonto für dich einrichten. Führt ihr das auch fleißig weiter?“

„Davon weiß ich nichts.“

„Erinnere dich. Papa war zu der Zeit knapp dran, du weißt doch, wegen der leidigen Geschichte, als er ein bisschen was getrunken hatte und dann am Steuer erwischt und zu der Geldstrafe verurteilt wurde. Du weißt ja.“

„Nein“, antwortete Karin wahrheitsgemäß.

Verblüfft schaute die alte Frau Bieber ihre Enkelin an. „Ja, gibt es bei euch denn gar keine Verständigung mehr untereinander?“

„Reg dich nicht auf, Oma. Ich war schlecht dran und bin es noch. Die Eltern wollten mich sicher schonen.“ Ein Sparkonto auf ihren Namen! Omi, ich könnte dich küssen! Sorgenfrei! Vielleicht für Wochen ... „Wie viel ist denn ungefähr drauf auf meinem Sparbuch?“

„Ich habe seinerzeit zweitausend als Grundstock geschickt, damit sich die Zinsen lohnen.“

„Gönnst du uns ein drittes Glas? Omi, du bist Klasse!“

Karin konnte das Sparbuch nicht finden. Am nächsten Tag steckte sie ihren Personalausweis ein und machte sich entschlossen auf den Weg zur Bank. *Schüchtern* hatte man sie früher genannt. Heute entlockte ihr dieses Wort nur noch ein Lächeln. „Bedaure! Ohne Sparbuch geht das nicht“, erklärte der Mann hinter dem Schalter kalt-höflich.

„Hören Sie, meine Eltern sind verreist. Sie haben mein Sparbuch aus Versehen in ihre Kassette eingeschlossen. Ich stehe da ohne einen Pfennig Geld. Auf meinem Konto liegt mein ganzes Erspartes. Sehen Sie doch nach! Hier ist mein Ausweis.“

„Ich habe meine Bestimmungen.“ Er warf einen beiläufigen Blick auf ihren Pass.

„Sie wollen also tatsächlich, dass ich hungere, nur weil Sie auf Ihren Prinzipien herumreiten?“

„Ich habe die Vorschriften nicht erlassen. Ich muss mich daran halten."
„Dann will ich Ihren Vorgesetzten sprechen."
„Der ist in einer Sitzung."
„Stören Sie ihn."
„Das geht unmöglich."
„Dann rücken Sie endlich mein Geld raus. Ich brauche es."
„Ich kann es ihnen nicht geben, so Leid es mir tut."
„Dann werde ich mich über Sie beschweren. Ist das vielleicht ein Service? Es gibt Banken genug. Sobald meine Eltern zurück sind, werden wir alle unsere Konten bei Ihnen löschen. Ihre Sturheit wird Sie was kosten, das verspreche ich Ihnen." Karins Ton wurde immer bestimmter.
Der Schaltermann bat etwas unsicher: „Darf ich Ihren Ausweis noch einmal sehen?"
„Klar."
Er schrieb sich die Nummer auf, fütterte einen Kleincomputer mit ein paar Daten und ließ Karin ein Formular unterschreiben. Auf einem Bildschirm erschien ihr Name und die angesparte Summe: DM 2470,47
„Na bitte", sagte Karin. „Geben sie mir so viel wie möglich. Falls ein Rest draufbleiben muss, genügt sicher eine Mark."
Dem Mann war nicht wohl in seiner Haut. Aber das laute Reden des kränklich aussehenden Mädchens kostete ihn Sympathien, wenn er die Mienen der anderen Kunden richtig deutete. „Die hohe Kunst, mit Menschen umzuge-

hen", würden seine Kollegen bei nächstbester Gelegenheit spötteln. Wie machte man's nun richtig? Andererseits forderte hier ein Mädchen etwas, das fraglos ihr gehörte. „Na schön. Wie wollen Sie's haben?"
„Mischen Sie ein bisschen."

△

Als die Eltern von der Urlaubsreise zurückkamen, herrschte gleich am ersten Abend knisternde Hochspannung im Hause Bieber.
„Karin, ich vermisse meine Zickzackmaschine. Hast du sie benutzt?"
„Was soll ich mit deiner Nähmaschine?"
„Na, sie ist weg!"
„Dann ist sie eben weg. Ich hab sie nicht."
Wieder dieser lange, misstrauische Blick. „Ich muss unbedingt mein Sonntagskleid kürzen. Es guckt unterm Mantel vor. Soll ich das nun mit der Hand tun?"
„Motz mich nicht an! Ich hab deine verdammte Zickzackmaschine nicht."
„Oma sagt, du hättest täglich bis zwölf im Bett gelegen. So was lastet sie meiner Erziehung an. Hast du denn gar kein Gespür dafür?"
„Dein Jammerton ist nicht zum Aushalten. Ich verzieh mich."

△

Am nächsten Tag platzte die Bombe mit dem Sparbuch.
„Karin, ich bin außer mir. Du hast das Konto leer

geräumt! O Gott, was soll nur werden mit dir? Wie lang wird's dauern und die Polizei steht vor der Tür? Haben wir nicht schon genug durchgemacht?"

„Reg dich ab, es waren meine Flöhe. Du bist im Unrecht, weil du mir verschwiegen hast, dass Oma mir Geld überwiesen hatte."

„Wo ist denn das Geld? Zeig es mir."

„Du vergisst, dass ich volljährig bin."

„Dem Alter nach. Aber in Wirklichkeit bist du weniger zurechnungsfähig als Christine. Du kannst das Geld ja behalten, nur möchte ich es sehen."

„Wozu?"

„Weil ich den Verdacht loswerden muss, du hättest schon wieder Rauschgift davon gekauft." Die Mutter atmete hastig und verlangte aufgeregt: „Schwöre, dass du nicht wieder das Zeug gespritzt hast."

„Schwören! Du machst dich lächerlich."

„Karin, ich flehe dich an, sag mir, ob du rückfällig geworden bist."

„Nein, nein, nein!", schrie Karin das Haus zusammen. „Nein!"

Frau Bieber rang die Hände. „Die Nachbarn, Karin! Es geht bald nicht mehr. Für die Gallos sind wir schon asoziales Gesindel. Denk doch an die dünnen Wände! Es kommt der Tag und mich trifft der Schlag. Ich kann nicht mehr."

„Solange du noch deine weinerliche, knatschige, nörgelige Tour abfahren kannst, bist du okay." Vier Stunden waren um. Höchste Zeit für einen Flash. Der würde auch den andern zugute kommen. Sie war dann viel geduldiger und nachsichtiger mit ihnen.

Dann war plötzlich alles Geld verbraucht. Ein wenig Mopsen im Familienkreis betrieb sie mehr aus Sport nebenher.

Das brachte ein paar Gramm Haschisch, aber kein Heroin. Scheine vom Fünfziger an aufwärts mussten ran. Was könnte sie rasch zu Geld machen? Vielleicht Schmuck?

„Ich mag mich nicht behängen", hatte die Mutter bei irgendeiner Gelegenheit mal erklärt. „Eine echte Kette, ein guter Ring und ein Armband aus Gold, das soll reichen." Noch nicht mal diese drei Teile hatte sie mehr als zweimal im Jahr getragen. Wann wären ihre Eltern jemals groß ausgegangen? „Eisenbahner mit eingebauter Aufstiegsbremse" wurden selten zu Matineen und Soireen gebeten. Eigentlich, fand Karin, war das dicke Armband für ihre Mutter viel zu protzig. Sie würde es kaum vermissen.

„Es war einmal ein Nasenbär, der hatte keine Nase mehr. Was willst du für die Kuhkette haben, Karin?"

„Raffi, das Armband ist echt. Vier Blaue musst du schon rüberwachsen lassen."

„Wickel es dir um den großen Zeh." Er reichte es ihr zurück.

„Geh, sei kein Spielverderber. Ich muss den Preis dafür

haben. Komm, Raffi, stell dich nicht so an!"
„Zwei. Und keinen Lappen mehr!"
„Okay."
„Karin", sagte der Vater am Abend und stellte sich ihr in den Weg. „Du kannst uns nun nichts mehr vormachen. Wir wissen Bescheid."
„Schön für euch. Lass mich durch."
„Setz dich zu mir. Lass uns überlegen, was wir für dich tun können."
„Wir? Ich lach mich kaputt."
„Ja, wir! Wir haben den Tisch, unter den du deine Beine streckst. Wir kommen für deinen Unterhalt auf. Wir ängstigen uns um dich und beruhigen die Nachbarn, die sich durch dich und deine seltsamen Freunde gestört fühlen."
„Noch was?"
„Setz dich zu mir", wiederholte der Vater.
„Kein Interesse."
„Dann zwingst du uns zu handeln. Wir sind nicht bereit noch länger zuzusehen, wie du immer mehr verfällst. Deine Mutter schläft keine Nacht mehr, weißt du das überhaupt? Wenn das Telefon geht, schrecken wir jedesmal zusammen und glauben, jetzt käme die Nachricht, du hättest dir den Todesschuss gesetzt. So geht es nicht mehr weiter."
„Jammern und Dramatisieren solltest du deiner Frau überlassen. Dir liegt's nämlich nicht und es passt auch nicht zu dir."
„Lenk nicht ab, Karin. Es geht allein um dich!"
„Eben." Sie ließ ihren Vater stehen.

Von da an ging sie ihm nach Möglichkeit ganz aus dem Weg. Es war ihr klar, dass sie ihre Eltern zugrunde richtete. Aber *Verdrängen* hieß das Gesetz der Zeit. Sie durfte quälende Gedanken nicht weiterspinnen. Die harte Schale, die sie hervorkehrte, wenn sie auf jeden Versuch ihrer Eltern, um sie zu kämpfen, aufsässig und hämisch, renitent oder spöttisch reagierte, musste noch viel, viel dicker werden. Sonst würden ihre unterdrückten Schuldgefühle doch eines Tages die dünne Schutzwand zerfressen, die das Heroin immer wieder gnädig in ihr aufrichtete. Das wäre dann das Ende.

9

Am Samstagabend saß Frau Bieber mit ihrem Mann im Wohnzimmer und weinte hilflos.

Die Valium-Tabletten, die ihr der Arzt gerade erst neu verordnet hatte, und auch die Dragees zum Einschlafen waren weg. Vor Montag konnte sie sich nichts zur Beruhigung verschreiben lassen. „Karin hat nun schon meinen Schmuck, die elektrische Nähmaschine, meine alte Geige, deine Kamera und das große Lexikon verkauft“, zählte sie schluchzend auf.

„Solange sie innerhalb der Familie lange Finger machte, fand ich es auch noch nicht ganz so furchtbar. Aber jetzt hat sie meine Medikamente gestohlen. Sie weiß genau, dass ich vor Schwäche und Nervosität nicht mehr ohne sein kann. Das ist für mich das Zeichen, dass sie künftig vor nichts mehr zurückschreckt. Du wirst sehen, bald landet sie im Gefängnis. Dann behält die Gallo mit ihren ständigen Anspielungen doch noch Recht."

Herr Bieber starrte dumpf in sein Glas. Schließlich schlurfte er, grau im Gesicht, hinaus. Seine Frau hörte die Etagentür klappen. Er verließ das Haus und kam erst am nächsten Morgen heim. Frau Bieber hatte vor Angst, er könne sich etwas antun, die halbe Nacht weinend zugebracht.

„Wir ziehen hier aus", sagte er, als er wieder nüchtern war. „Ich hab in der *Klause* mit Gregor gesprochen." Gregor war bei der Bahn für die Verteilung der Dienstwohnungen zuständig.

„Wir fangen ganz neu an. Ohne Karin. Die muss sich woanders eine Bleibe suchen. In der neuen Gegend kennt uns keiner; da sind wir nicht das asoziale Gesindel. Ich hab Gregor extra gesagt, wir nähmen was in dem Altbau an der Bahnhofstraße. Möglichst weit weg aus dieser Ecke. Da darf die Große dann nicht aufkreuzen. Heute mache ich ganze Sache."

„Jürgen, was redest du da? Wo soll sie denn hin?"

„Das muss sie sich schnell überlegen."

Frau Bieber wand sich. „Der Gedanke mit der anderen Wohnung ist gut. Wir hätten längst drauf kommen sollen. Aber unsere Karin ... Es gibt in vielen Städten inzwischen eine Elternselbsthilfe-Initiative. Da treffen sich Leute, die unsere Schwierigkeiten kennen, weil sie selbst davon betroffen sind oder waren. Bevor wir Karin ganz und gar abschreiben, sollten wir vielleicht erst mal da hingehen und uns beraten lassen. Was meinst du?"

„Mach, was du willst. Das ändert nichts mehr an meinem Entschluss. Für mich ist die Sache klar."

Karin entdeckte an diesem Sonntag beim Stoffbesorgen zufällig Ingo, Ullis ehemaligen Schulfreund, der ihr in der Diskothek den Dealer gezeigt hatte. Erfreut sprach sie ihn an. „Endlich wieder mal 'n altbekanntes Gesicht. Wie geht's denn so?"

„Durchwachsen", antwortete Ingo lahm. „Krankenhaus, Klapsmühle, Knast, Kaschemmen – dazwischen spielt sich meine Karriere ab. Und du? Noch mit dem Typen aus dem *Frust* zusammen?"

„Du meinst Henning? Nein, schon lange nicht mehr. Ich weiß nicht mal, ob er noch kriechen kann."

„Muss ja wohl. Hab gestern in der Disco 'ne Stange Valeron bei ihm gekauft."

„Ist das wahr? Mensch, Ingo!"

„Weißt du, was 'n Geschäft ist?"

„Worauf willst du hinaus?"

„Tips kosten was. Wo bleibt die Bezahlung?"

Erst wollte Karin entrüstet auffahren, aber dann ließ sie es. Unnütze Kraftvergeudung. Sie bewegte sich wie er in der Scene, mit allen Konsequenzen. Taktgefühl und Zurückhaltung konnten sie sich als Fixer nicht leisten. Da hieß es cool jeden Vorteil checken. „Fünf Valium. Okay?"

„Zehn."

Karin kam spät in der Nacht nach Hause. Sie sah, dass die Eltern noch im Wohnzimmer saßen, und beeilte sich ihr Zimmer zu erreichen. Sie hatte keine Lust sich wieder erzählen zu lassen, welche Gegenstände verschwunden seien und nur von ihr beiseite geschafft worden sein könnten. Dass sie sich ändern müsse ...

Leises Klopfen an ihrer Zimmertür. „Komm rüber, Karin. Wir müssen mit dir reden."

„Zu müde."

„Ich bitte dich trotzdem."

„Sorry."

Die Schritte entfernten sich langsam. – Spät. Christine gestört. Morgen – Karin lachte in sich hinein. Ihre Eltern würden dieselben bleiben. Da konnte passieren, was wollte. Wenigstens etwas, das kalkulierbar blieb auf dieser Scheißwelt.

△

Kurz vor sechs Uhr früh setzte sie sich ihren Morgenschuss und hoffte wieder einzuduseln – wie jeden Tag.

„Schließ sofort die Tür auf."

Seit wann hatte der Vater diesen strengen Ton? „Was ist denn wieder los?"

„Mach auf. Zwing mich nicht, es von außen mit Gewalt zu tun."

„Ich kann nicht. Mir ist nicht gut."

„Wie du willst."

Sollte das eine Drohung sein? Würde er gleich die Tür einschlagen oder einen Dietrich benutzen? So was konnte er doch um diese Zeit nicht mit ihr machen! Vor zwölf schaffte sie das Aufstehen nicht mehr. Und das Denken. Und das Reden. Unangenehmes Schaben, Kratzen und Stochern im Türschloss. Der Schlüssel flog raus, rutschte bis vor ihr Bett. Kurz darauf stand der Vater im Zimmer – mit dem Telefon in der Hand. Er warf seiner Tochter einen Zettel aufs Bett.

„Hier steht die Nummer von Dr. Kleiner. Das ist der Vetter von unserem Hausarzt. Den rufst du jetzt sofort an. Der nimmt Drogenabhängige auf und vermittelt sie später weiter. Er hat das Recht im Neustädter Krankenhaus zwanzig Betten mit seinen Patienten zu belegen. Du wirst eine davon sein, und zwar zum nächstmöglichen Termin."

Karins Verstand tat sich schwer. Diese vollkommen veränderte Situation mit einem über Nacht energisch gewordenen Vater verlangte einen klaren Kopf und den hatte sie nicht. Am allerwenigsten in dieser Herrgottsfrühe.

„Ich warte."

„Daran hindere ich dich nicht", entgegnete sie träge.

„Du willst nicht?"

„Nein."

„Steh auf." Das klang nach unmittelbarer Drohung.

Sie rührte sich nicht. In ihrem Gehirn schlug es Alarm. Sie musste endlich richtig wach werden. Ihr Vater meinte es ernst, auch wenn sie das kaum glauben konnte. Sein zusammengepresster Mund ließ keinen Zweifel mehr zu. Mit gefährlicher Ruhe wiederholte er: „Steh auf, habe ich gesagt.“ Karin fürchtete sich. Der Mann vor ihrem Bett war ihr fremd. Aber anrufen, damit er sich zufrieden gäbe, würde sie trotzdem nicht. Wahrscheinlich bluffte er nur ein bisschen. Sie dachte: Schrei, Karin! Sobald du brüllst, wird er der Nachbarn wegen klein beigeben. „Nein!“, schrie sie aus Leibeskräften um die Wirkung zu testen. Und noch einmal: „Nein!“, als die erwartete Reaktion ausblieb.

„Du verlässt in einer Stunde diese Wohnung, und zwar für immer.“

„Ich bleibe, wo ich bin. In meinem Zustand …“

„Dann werde ich dafür sorgen, dass du entmündigt wirst. Das bringt dich dann mit Sicherheit an den richtigen Ort. Auch ohne dein Einverständnis.“

Er drohte tatsächlich mit Rausschmiss und Entmündigung? Stolz erwachte in ihr, wurde mächtig, schenkte Kraft: „Ich gehe“, sagte sie eiskalt zu ihrem Vater. „Und merk dir eins: Du hast mich nicht an die Luft gesetzt. Ich bin freiwillig verschwunden. Dass da bloß kein Irrtum entsteht. Du bist, was du immer warst: ein kleinlicher, beschissener Spießer, der sich an den Schwachen austoben muss. Ein Versager von oben bis unten.“

Er ging hinaus und sie versuchte aufzustehen. Endlich kam sie auf die Beine. Sie nahm zwei große Plastiktüten und stopfte ohne große Überlegung persönliche Sachen hinein.

„Karin, Kind, überleg dir, was du tust! Warum rufst du diesen Doktor Kleiner nicht an? Wir meinen es doch …“

„Raus!“

Frau Bieber begann zu weinen. „Karin, so können wir nicht auseinander gehen. Denk doch an uns."

„Geh bitte."

Die Mutter wandte sich ab.

Karin stand mit großen dunklen Plastiktüten vor dem Haus. Sie sah, dass die Gallo sah ... Trotzdem musste sie noch einen Moment auf dem Präsentierteller stehen bleiben. Der Kopf! Sie gab sich einen Ruck und erreichte schließlich die Bushaltestelle, fuhr zum Bahnhof. Vorhin hatte sie so getan, als merke sie nicht, dass ihr die Mutter auf dem Flur hundert Mark in die Jackentasche steckte. – „Karin, es ist noch nicht zu spät. Kehr um! Melde dich in einem Heim an oder im Krankenhaus." – Wie ein Pastor, *Kehr um.*

Die Fixer-Disco ist nur samstags geöffnet!, erinnerte sie ihr Verstand.

Wer will denn ins *Frust?*

Wohin denn sonst?

Dahin, wo Henning wohnt. Vielleicht sieht er mich zufällig auf der Straße und geht auf mich zu. Dann hat er doch den ersten Schritt getan.

Es ist kalt. Wie lange willst du auf den Zufall warten?

Wer weiß? Wart's ab.

Sie erinnerte sich an einen Satz von Henning. „Bei euch treffen sich die Junkies am Bahnhof, bei uns vorm Kaffeegeschäft." Wenn sie nur noch wüsste, vor welchem.

Karin lief die Hauptgeschäftsstraße rauf und runter,

warf einen Blick in jeden Stehausschank. Nichts. Es wurde Mittag. Sie ging in ein Kaufhaus um auf der Toilette ihren fälligen Schuss zu setzen.

Als sie die Rolltreppe herunterkam, sah sie Henning. Ihr Herz schlug wild. Wie würde er reagieren? Sie durfte ihn vor allem nicht aus den Augen verlieren. Ein Wunder, dass sie überhaupt so lange laufen konnte. „Der Mensch vermag viel, wenn er will“, hatte der nette alte Hausarzt festgestellt. Und wie sie wollte! Plötzlich stockte ihr der Atem. Henning blieb stehen, schaute sich um ohne sie jedoch zu entdecken, schlug fast im gleichen Augenblick auf die Taste einer Kasse, griff zu und strebte eilig dem Ausgang zu. Das geschah mit einer Präzision, die auf Übung schließen ließ. Die Verkäuferin der Abteilung Kurzwaren, die durch das Geräusch der aufspringenden Kassenlade aufmerksam geworden war, schlug Alarm. Karin musste sich zwingen nicht loszurennen. Sie hätte dadurch nur den Verdacht auf sich gelenkt. Henning betätigte sich als Dieb in der eigenen Stadt, wo die Gefahr, erkannt zu werden, doppelt groß war. Er musste es bitter nötig haben.

Sie sah ihn später statt im Kaffeegeschäft am Tischchen einer Teestube stehen. Bevor sie sich überlegen konnte, wie sie es am besten anstellen könnte, von ihm bemerkt zu werden, hatte er sie schon gesehen. Er verließ sofort die Teestube und ging auf sie zu, größer und schlanker, als sie ihn in Erinnerung gehabt hatte.

„Grüß dich. Du, ich freu mich.“ Er schaute zögernd auf ihre Tüten, dann umarmte er Karin langsam, so, als plane er jede Bewegung. Sie stand stocksteif da – die lästigen Tüten! Dann weinte sie. Hatte keine Hand frei um die Tränen abzuwischen.

„Gib her." Er schaute flüchtig in ihre Tragtaschen. „Hast du hier eingekauft?"

Sie schniefte ein paarmal. „Nein", antwortete sie, „ich hab hier 'ne alte Freundin, zu der wollte ich vorläufig. Aber sie ist nicht mehr da. Jetzt weiß ich nicht, wohin."

Noch während sie sprach, wurde ihr klar, dass sie ihre neue Beziehung mit einer Lüge einleitete. Aber sie korrigierte sich nicht. Er ein Dieb, sie eine Lügnerin, den Gedanken durfte sie nicht vertiefen oder sich gar zu Herzen nehmen. Wenn sich bei ihr im Laufe der Jahre auch viele Werte verschoben hatten, ein Rest Stolz blieb.

„Ist dein Zuhause futsch?"

„Da hab ich keine Meinung mehr. Es wird sich schon was finden, wo ich bleiben kann."

Er schien zu zögern. Doch dann kamen die Worte, auf die sie so gewartet hatte: „Okay, gehen wir zu mir."

„Wohnst du noch bei deiner Mutter?"

„*Noch* ist falsch. *Wieder.* Ich war lange in Holland. Dann hab ich mir 'ne Gelbsucht gefangen und die Holzschuhstrategen haben mich wegen der Behandlung nach Deutschland zurückgeschickt. Bin richtig fein abgeschoben worden. Mit allen Schikanen."

„Was sagt denn deine Mutter, wenn du mit mir ankommst?"

„Ich werd ihr schon irgendwas erklären. Sie ist so und so komisch. Hoffe bloß, sie zeigt mir nicht gleich das Loch, das der Schreiner gelassen hat. Fürs Erste steh ich nämlich ganz gern noch 'n Weilchen auf dem Sprungbrett rum, bevor ich 'n neuen Absprung mache. Weißt du, Stoffbeschaffen wird allmählich tagfüllend. Wenn noch das Rankarren von Zaster für 'ne Höhle und was zwischen die Kiemen dazukommt, mein lieber Männe, das ist 'n Happen viel für 'n einsamen Posten."

Karin hätte gern gesagt, dass sie soeben Zeuge seiner „tagfüllenden" Tätigkeit geworden sei. Aber damit wäre ihre Story von der „zufälligen" Begegnung geplatzt. „Wodurch verdienst du denn zur Zeit das Moos? Bist du noch Beifahrer?"

„Ich linke Leute ab, deale ein bisschen rum, knacke manchmal 'ne Kasse, wenn es sich gerade so ergibt ..."

„Wie machst du das denn? Ich meine, die Kassen ..."

„Ich such mir die älteren Gurken aus. Da brauchst du nur draufzutippen, dann springen sie auf. Bei den neuen geht das nicht mehr. Alles wird einem schwer gemacht."

△

„Na?", fragte Karin gespannt, als sie mehr als eine halbe Stunde in banger Erwartung in Hennings Zimmer gehockt hatte. „Was sagt deine Mutter?"

„Nicht viel. Sie ist nicht gerade außer sich vor Begeisterung, wie du dir denken kannst. Ich hab ihr gesagt, es wär nur für eine Nacht oder zwei. Das hat sie dann geschluckt."

„Danke."

„Hör doch auf! Du, es ist unheimlich stark, dich bei mir

zu haben. In meinem Zimmer! – Warum bist du damals fortgelaufen?"

„Warum hast du mich nicht zurückgeholt?"

„Das fragst du noch? Du wolltest einen ganz verdammt kitschigen Abgang mit mir zusammen machen. Weißt du das nicht mehr? Den Brocken musste ich erst verdauen."

„Und?"

„Was heißt und? Ich hab mich erst tagelang so voll gepumpt, dass ich beinah das Aufwachen vergessen hätte. Dann hörte ich, du schliefst mit irgend so 'nem Typen mit mordsmäßig viel Barem an den Füßen. Wie sollte ich dagegen anpissen? Ich bin nach Holland abgehauen. Da ging's rund! Den Rest kennst du."

„Ich hab nicht mit ihm geschlafen", stellte Karin richtig.

„Ist doch nicht mehr wichtig. Wo steckt er denn?"

„Im Ausland. Ich weiß es nicht, wo."

„Wieso warst du nicht mit ihm im Bett?"

Karin dachte: So einerlei ist ihm das also doch nicht! „Er hat das nie gewollt."

„Stoffgeschädigt?"

Sie nickte. „Glaub schon."

„Da kenn ich noch ein paar", sagte er. „Das fehlte mir noch. Grade jetzt, meine ich."

„Wie soll's weitergehen mit uns? Ich hab einen Blauen und ein paar Zerquetschte. Und damit Sense. Guck mich an, so wie ich aussehe, kann ich auch nicht jobben." Sie fühlte sich schlapp und kam nicht an gegen die Tränen der Hilflosigkeit und Schwäche.

„Mach nicht in Panik, Karin. Wir sind erst mal wieder

NEUE STARKE STORYS UND
OOLE LESEABENTEUER
SCHNEIDER BUCH
iel Spaß beim Lesen.
2867

Irma Krauß

Janas Entschluss

Einsatz fürs Leben, Bd. 1

Jana hat es sich in den Kopf gesetzt Rettungshelferin zu werden, denn da kann sie endlich was Nützliches, was Lebenswichtiges tun. Bald beweist sie allen, was wirklich in ihr steckt ...

Best.-Nr. 10700
DM 16,95 / ÖS 124,-

Brigitte Blobel

Sofies Geheimnis

Starke Mädchen, Bd. 4

Sofies Bruder hat eine Dummheit begangen und wird deshalb erpresst. Als er sich aber von Sofie nicht helfen lässt, beschließt diese heimlich zu handeln. Nur hat sie nicht mit dem Charme des Erpressers gerechnet ...

Best.-Nr. 10710
DM 16,95 / ÖS 124,-

ıa Krauß

.chtliches Drama

satz fürs Leben, Bd. 2

ıa verbringt jede freie
nute beim Rettungs-
nst. Eines Nachts
rden sie zu einem
weren Autounfall
ufen. Der Einsatz geht
t über Janas Kräfte.
n Glück ist da aber
ch Pascal ...

st.-Nr. 10753
ʌ 16,95 / ÖS 124,-

Tina Caspari

Nella, 16, Schauspielerin

Nellas größter Wunsch ist Schauspielerin zu werden. Doch als ihr Vater nichts davon wissen will, führt sie ein turbulentes Doppelleben, das allerdings die Liebe ihres Freundes auf eine harte Probe stellt ...

Best.-Nr. 10739
DM 14,95 / ÖS 109,-

Brigitte Blobel

Heimlich verliebt

Gefühlssachen, Bd.12

Janines Gedanken kreisen nur noch um Daniel. Kein Junge ist so wie er. Aber Daniel ist schon mit Maja zusammen, und seiner besten Freundin den Freund auszuspannen, ist der größte Vertrauensbruch ...

Best.-Nr. 10670
DM 14,80 / ÖS 108,-

Helen Hoffmann

Blind Date

Kuschelrock

Aus dem Blind Date, das Kiara übers Kuschel-Radio gewonnen hat, wird nichts, denn Jens, der Junge mit der wundervollen Stimme, erscheint nicht. Dafür verliebt sich Kiara in Jan und erlebt beim nächsten Blinde Date eine große Überraschung.

Best.-Nr. 10738
DM 16,80 / ÖS 123,-

Elvira Hoffmann

Süßer Traum von bösen Blumen

Es hat ganz harmlos angefangen, nur ein bisschen kiffen in der Clique, denkt Karin, als sie längst von harten Drogen abhängig ist. Sie redet sich ein, jederzeit aussteigen zu können. Sie verliebt sich in Henning. Aber er ist auch süchtig.

Best.-Nr. 10758
DM 16,95 / ÖS 124,-

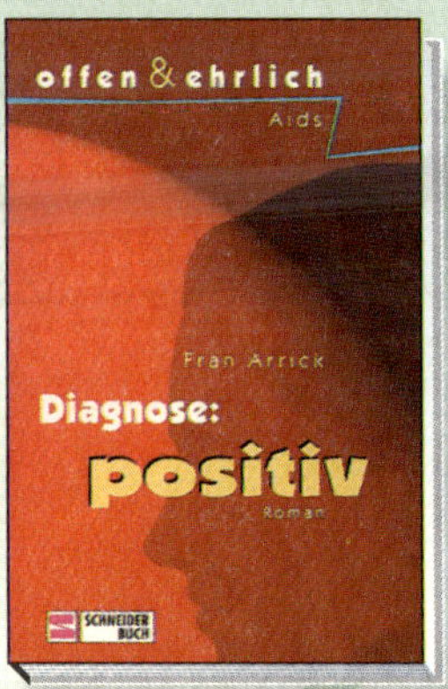

Fran Arrick

Diagnose: positiv

Debras Schwester Ellen is achtzehn. Sie hat einen festen Freund. Und sie ha AIDS. Ellen muss lernen mit der Angst vor dem Ausbruch der Krankheit zu leben – und mit den Vorurteilen der Leute.

Best.-Nr. 00011
DM 16,95 / ÖS 124,-

Karin Jäckel

Treffpunkt Nachtcafé

Ben weiß, dass es kein bisschen romantisch ist, auf der Straße zu leben. Aber was soll er Nina auf die Frage antworten, wo er wohnt? Unmöglich, ihr die Wahrheit zu sagen ...

Best.-Nr. 10626
DM 16,95 / ÖS 124,-

Harald Parigger

Im Schatten des schwarzen Todes

Im Jahr 1348 bricht in Europa die Pest aus. Zu dieser Zeit tritt der sechzehnjährige David eine gefahrvolle Reise an. Im Gepäck hat er ein Buch, das dem schwarzen Tod ein Ende bereiten könnte.

Best.-Nr. 10394
DM 19,95 / ÖS 146,-

Harald Parigger

Die Hexe von Zeil

Harald Parigger schilde eindringlich das Schick sal der neunzehnjährigen Ursula, die im Jah 1628 in die Mühlen de Hexenverfolgung gerä

Best.-Nr. 10145
DM 16,80 / ÖS 123,-

Harald Parigger

Der schwarze Mönch

Der schwarze Mönch verspricht Gerhard und tausend anderen Kindern ein besseres Leben. Doch dann lässt er die Maske fallen ...

Best.-Nr. 04897
DM 16,80 / ÖS 123,-

zusammen. Ich schaffe den Stoff ran. Wenn's nicht reicht, können wir neu überlegen. Für den Notfall habe ich sogar noch 'ne satte Ladung Koks aus Holland. Ich kriege das schon hin, warte nur."

Ihr war dieser Tag so wichtig. Und nun hatte sie nicht Kraft genug sich mit Henning ausführlich zu unterhalten, ihm zu sagen, wie sehr sie ihn geliebt hatte, bevor sie gegangen war und erst recht danach. „Kokain hält wach, nicht wahr?", erkundigte sie sich.

„Es möbelt auf. Man muss dann nur für Schlaftabletten sorgen, sonst tut man nachts kein Auge mehr zu. Warum fragst du? Willst du Koks?"

Sie nickte.

Karin und Henning redeten die ganze Nacht. Ihre Gespräche bestätigten, was sie innerlich längst wussten: Sie gehörten zusammen. Nie mehr, das schworen sie einander, wollten sie sich trennen. Nicht wegen einer Meinungsverschiedenheit, nicht wegen anderer Partner. Dieses letzte Versprechen stand in Zusammenhang mit Karins Vorschlag, wegen ihrer Schwäche auch zum letzten Mittel zu greifen, nämlich Justus Teppe zu benutzen um möglichst kostenlos mit Stoff versorgt zu werden. Sie ertrug es nicht, Henning allein aufzubürden, für sie beide zusammen täglich fast einen Tausender ranzuschaffen. Der Grat zwischen Freiheit und Gefängnis, auf dem er sich vor ihren Augen bewegt hatte, erschien ihr zu schmal. Sie wollte Henning nicht mehr verlieren.

In den nächsten Tagen verbrauchten sie sämtliche Vorräte an Kokain. Sie hatten das Bedürfnis einander ständig nahe zu sein. Trotz der stark empfundenen Gefühle füreinander wurde ihr Zusammensein durch scheinbar Nebensächliches getrübt. Da war zunächst Karins elende körperliche Verfassung. Sie musste sich übergeben, sobald das Kokain wirkte. Darüber weinte sie vor Scham. Dann war da ihre panische Angst Hennings Mutter zu begegnen. Aus diesem Grunde verließ sie sein Zimmer nicht einmal um das Bad am Ende des Ganges zu benutzen. Sie lebte von etwas Obst und Weißbrot und trank literweise Mineralwasser. Dies alles war nun wirklich eine Feuerprobe für ihre noch taufrischen Liebesbeteuerungen und Treueschwüre.

Henning klagte oft darüber, dass er kein Auto mehr habe, um bequemer an die verschwiegenen Stoffquellen zu gelangen. Eines Tages wurden er und Karin von einem Fixer in eine kleine Nachbarstadt mitgenommen, in der neuerdings eine ziemlich üble Kneipe als Geheimtip gehandelt wurde. Dort begegnete Karin einem ehemaligen Schulkameraden, der dringend für ein Zimmer mit Küche und Bad in billiger Wohngegend am Ort Nachmieter finden musste. Ein Geldregen hätte ihr nicht willkommener sein können. Sie griff zu. Sofort zogen sie ein. Karin mit zwei großen Plastiktüten; Henning mit zwei alten Koffern, einer von seiner Mutter angeschafften Stereo-Anlage und einer Plastikwanne mit wenigem Koch- und Essgeschirr. Ein

Kühlschrank und ein dreiflammiger Herd waren in der Küche vorhanden, in dem anderen Raum standen ein kombinierter Kleider- und Wohnzimmerschrank, ein dreibeiniger Nierentisch aus den fünfziger Jahren und eine Schlafcouch. Karin war selig. Vergessen waren die wüsten Beschimpfungen, zu denen sich Hennings Mutter hatte hinreißen lassen. Karin bemühte sich sogar um ein gewisses Verständnis dafür, dass Frau Leitner ihren Sohn nicht kampflos abtrat. Sie hatte schließlich nur diesen einen.

„Da hast du mich nun endlich mit dem kompakten Tatendrang, den du dir seit Ewigkeiten wünschst", hatte Henning seiner Mutter hämisch an den Kopf geworfen. „Noch nicht zufrieden? Typisch!"

„Dieses Weibsstück gibt dir den Rest. Du brauchst eine Frau, die dich hochzieht, nicht eine, die dich noch mehr in den Sumpf drückt."

„Gib es auf. Übrigens: Karin ist kein Weibsstück, es wäre gut, wenn du dir das merken würdest." Dann hatte er sich Karin zugewandt, den Arm liebevoll um sie gelegt und getröstet: „Hör nicht auf ihr Gekläff. Wir sind erwachsen und frei. Uns kann keiner. Meine Mutter hat bis heute nicht begriffen, was das heißt: Freiheit. Sie kann Menschen nur grapschen und ihnen die Luft abdrücken. Ihre Art von Liebe. Deshalb verliert sie auch alle."

„Das sagst du mir vor diesem Flittchen?", hatte Frau Leitner aufgeheult. „Das wirst du mir büßen!"

Einerlei. Das war ausgestanden und sollte begraben sein. Karin träumte zaghaft Zukunft. Vom Gift loskommen. Ganz langsam. Nicht von heute auf morgen. Natürlich nicht. Jeden Tag eine halbe Stunde länger ohne auskommen. Sie und Henning! Himmel noch mal, wenn sie's jetzt nicht schafften! Nur gemeinsam gab es Perspektiven. Genau das hatte der gute Mensch Albert doch gemeint, als er gesagt hatte, sie müsse jemanden finden, der sie ganz brauche, für den sie lebenswichtig sei. Hier, da war er, der Mensch, und mit ihm der wiedererwachende Wunsch: auszusteigen.

△

Eine Woche lebten sie nun schon in ihrer Wohnung. Sie hatten in der neuen Umgebung sofort Kontakt zur dortigen Scene geknüpft, nachdem in der bewussten Kneipe von einem Tag auf den anderen nur noch Beruhigungsmittel und Hasch verkauft wurden. Es wurde gemunkelt, es habe Verhaftungen gegeben.

„Nach Hause" und „bei uns" sagen zu können bedeutete den beiden viel. Karin war es durch einen „Mordsmassel", wie Henning es bezeichnete, gelungen, einem Bauarbeiter das Portmonee aus der Tasche zu ziehen, als der Mann mit zwei Bierflaschen in jeder Hand in der Schlange an der Kasse gestanden hatte. Sie kauften sofort ein Gramm Heroin davon und machten sich auf den Heimweg. Plötzlich standen zwei Männer neben ihnen, die sie unmissverständlich aufforderten ihnen zum Polizeirevier zu folgen.

Das Gramm Heroin wurde gefunden. Daraufhin durchsuchten Spezialisten die kleine Wohnung und fanden Spritzbestecke, allerdings keinen weiteren Stoff. Die dreißig Gramm Kokain waren vollständig verbraucht.

Bisher waren beide noch nicht straffällig geworden. Das gereichte ihnen später vor Gericht zum Vorteil. Ihre Freiheitsstrafe wegen Drogenbesitzes wurde zur Bewährung ausgesetzt.

Außerdem sah sich der Richter veranlasst eine Art Erziehungsauflage zu verhängen, obgleich sie beide dem Gesetz nach volljährig und der Erziehung – durch wen auch immer – eigentlich entwachsen waren. Henning sollte drei Monate lang in einem Altenheim Dienst tun, Karin sich für die gleiche Zeitspanne allmorgendlich in einem Kindergarten einfinden.

△

„Jetzt sitzen wir für 'ne Weile im Schaufenster", sagte Henning. „Da heißt es, beim Geldmachen und Stoffbesorgen genial erfinderisch zu werden, wenn wir nicht in aller Kürze 'n Turkey kriegen wollen."

„Ich rufe Teppe an. Jetzt krieg ich ihn noch im Büro an die Strippe. Lass mich nur noch drei Minuten liegen, Henning."

„Wenn dich dieser feiste Kerl anpackt, schlag ich ihm den Schädel ein."

Karin wusste nicht recht, ob sie über die Naivität ihres sonst so schlauen dunklen Märchenprinzen lachen oder sich geschmeichelt fühlen sollte. Oder wäre gar Angst angebracht vor einer drohenden Katastrophe? „Gehn wir zum Telefon. Bleib bei dem Gespräch bei mir."

Es klopfte an die Tür. Karin sah Henning erschrocken an. Schon wieder die Polizei?

Ohne ihr „Herein“ abzuwarten trat die Hausbesitzerin ein. „Herr Leitner“, tat sie entrüstet, „Ihr Vormieter hat Sie mir als Ehepaar angekündigt. Jetzt erfahre ich, dass das gar nicht stimmt. Und überhaupt! Die Polizei in meinem Haus! Das hat es noch nicht gegeben, so alt ich geworden bin.“

Henning lachte auf. „Leben Sie im Mittelalter? Sie wollen, dass wir extra Ihnen zuliebe heiraten? Was soll denn das kosten? Wir sind arm, sonst würden wir schwerlich in dieser Hütte hausen.“

„In acht Wochen läuft der Mietvertrag aus. Dann suchen Sie sich was anderes.“ Sie schickte sich an zu gehen.

„Herrje, gibt's denn so was? Wenn wir heiraten, dürfen wir bleiben, ledig müssen wir raus. Ist das wirklich so gemeint?“

„Genau so“, bestätigte die Frau.

„Wenn Ihnen so viel daran liegt“, sagte Henning, „werden wir darüber nachdenken. Vielleicht heiraten wir. Je mehr ich's mir überlege, umso ... Warum eigentlich nicht? Karin, brauchst du ums Verrecken 'n weißes Kleid?“

„Nein.“

„Okay, gute Frau, wir heiraten.“

Halbwegs befriedigt zog sie ab.

„Kannst du mir verraten, was sie davon hat, wenn wir heiraten?“, fragte Henning.

„Jedenfalls ging's ihr nicht um die Moral. Die wollte uns rausschmeißen und musste einen Grund finden.“

„Das ist ihr ja nun nicht geglückt. Ich will nämlich vorläufig hier nicht raus, verstehst du?“

„Ich auch nicht. – Gehn wir?"

Er hob sie von der Couch und küsste sie. „Karin Bieber, willst du meine Frau werden?"

„Henning Leitner, ich will. Bis dass der Tod uns scheidet. Sag mal, geht das so?"

„Da bin ich überfragt. Ich kenn das nur flüchtig aus Filmen. Und dann hab ich bei solchen Szenen weggehört, weil ich Besseres zu tun hatte."

Sie lächelte. „Das kann ich mir vorstellen. Henning, der Herzensbrecher."

„In guten Zeiten hab ich es auf fünf gleichzeitig gebracht", sagte er.

„Fünf was?"

„Na, Freundinnen!"

△

Das Gespräch mit Justus Teppe ließ sich gut an. „Karin? Du, das ist aber wirklich eine Überraschung! Sicher erinnere ich mich noch. Wo kann ich dich sehen und wann?"

„Von mir aus komm gleich nach Dienstschluss. Ich hab den Ort gewechselt und wohne jetzt in …" Sie nickte Henning zu und tippte auf den Hörer. „Ich bin direkt beeindruckt, wie gut du informiert bist", lobte sie Justus. „Ach so, du hast mich im Vorbeifahren auf der Hauptstraße gesehen. Dann kein Wunder. Komm am besten zum Kaiserbrunnen. Da kannst du parken. Bis dann."

„Warst du nicht zu freundlich? Mann, das klang ja wie 'ne Einladung mit Andeutungen." Henning ergriff Karins Hand und zog das Mädchen aus der Telefonzelle. „Vielleicht ganz gut, wenn wir heiraten. Das schafft klare Verhältnisse."

„Was sind denn das für spießige Ansichten?", versuchte sie ihn aufzuziehen.

Er nahm es für bare Münze. „Zwischen dich und mich, Karin, da schiebt sich kein Dritter. Nenn das meinetwegen spießig oder sonst wie. Ich dachte eigentlich, darüber wären wir uns einig."

„Sei nicht so empfindlich. Natürlich ist das klar. Was Teppe angeht, sei ganz sicher, der ist keine Gefahr für uns. Den benutz ich als Wegwerfware, damit wir die nächsten drei Monate aus dem Schneider sind. Du gehst tagsüber ins Altenheim, ich in die Krabbelstube, und abends gehören wir uns. Dazwischen schieb ich bei Bedarf 'n Termin mit dem Goldneffen ein."

„Schieb erst mal Wache. Ich spring schnell zu Tunis in die Kneipe. Vielleicht verkauft mir da einer 'ne Stange Tabletten. Die schießen wir, bis du von dem Fettsack Äitsch oder Speed oder meinetwegen Koks kriegst."

10

Der dicke Justus hatte inzwischen zwar das Auto, aber nicht die teure Marke gewechselt. Er brachte seinen Sportwagen haarscharf vor Karins Füßen zum Stehen. Show, das ist mein Leben, dachte sie. Alles wie gehabt. Sie stieg ganz vorsichtig ein. Wenn sie sich krampfhaft bemühte, jede ihrer Bewegungen zu kontrollieren um nicht als Fixer aufzufallen, ging es gerade daneben. Wie bei angetrunkenen Autofahrern, die mit dem rechten Vorderrad an der Bordsteinkante klebten.

„Sie ist auf Pille, die kleine Bieber! Du brauchst Stoff", stellte Teppe mit Kennermiene fest. „Hast du mich deshalb angerufen?"

„Wie kannst du das von mir denken?! Ich war damals nicht fair zu dir. Das will ich gutmachen."

„Ich hätte alles für dich getan, Karin. Das weißt du."

Lächerlicher Schauspieler! „Dann tu's heute." Sie redete sich ein: Bau nicht ab! Reiß dich am Riemen! Gleich wird er den rechten Handschuh ausziehen und den Arm um dich legen. Seine fette Hand wird wandern. Nimm dich zusammen! Umsonst ist der Tod. Er zog seinen Handschuh aus. Karin versuchte Zeit zu gewinnen. Henning stand noch in der Nähe. Er hatte sie hergebracht, weil sie allein nicht mehr gehen wollte, seitdem sich die Schwächeanfälle mehrten. Es war nicht unbedingt nötig, dass er an seine Drohung erinnert wurde dem Kerl im Falle einer Berührung den Schädel einzuschlagen. „Fährst du bitte ein Stück mit mir raus? Die vielen Leute machen mich nervös."

„Fahren wir zu mir. Da kannst du in Ruhe schießen."

„Wie machst du das, clean zu bleiben?" Diese Frage war ausnahmsweise aufrichtig gemeint.

„Ich hab die Fixer jeden Tag vor der Optik. So kaputt sein? Nee."

Er hatte sich nicht verändert. Skrupellos wie eh und je.

Karin war gleich wieder geladen. „Dealer, die nicht selber fixen, sind die meistgehassten Leute, das weißt du genau. Mich wundert's, dass dich noch kein armes Schwein verpfiffen hat."

Ein selbstgefälliges Lächeln, das zu ihm gehörte wie seine Klötze von Ringen. „Wer sägt schon den Ast ab, auf dem er sitzt?"

„Sag mal, wie viel Typen hast du bisher angefixt?"

„Ist das ein Verhör? Wir haben was anderes zu tun als uns gegenseitig in die Mangel zu nehmen."

Sie drückte ihre Nasenflügel mit zwei Fingern zusammen, näselte „Pardon, Monsieur" und traf seinen affektierten Tonfall beinahe genau.

„Bei dir hat man immer das unbestimmte Gefühl, du hieltest einen für'n ausgemachten Blödmann. ‚Versprühen Sie Ihren speziellen Charme woanders' und solche Klöpse."

„Warum heiratest du keine Türkin? Die ist dem Mann noch so untertan, dass es sogar dir genügen dürfte."

„Du willst auf Emanze hinaus, Karin, und das als Fixerin. Aber das meine ich gar nicht. Du hast eine Art …"

„Du auch", zog sie das Gespräch eilig ins Lächerliche. „Wer nicht?" Sie musste um gut Wetter bitten. Henning und sie brauchten diesen Goldfisch.

„Hab ich dir nicht prophezeit, dass du zu mir zurückkehren würdest, Baby?"

„Wenn mich mein Gedächtnis nicht im Stich lässt, sprachst du von *gekrochen kommen.* Wir wollen's gut sein lassen. Das ist Schnee vom letzten Jahr."

„Apropos Schnee: Wie viel brauchst du denn im Augenblick?"

„Das kommt drauf an", wich sie aus. „Pauschal gesagt jede Menge. Aber lieber als Schnee wär mir Heroin, was Richtiges zum Drücken, falls ich die große Auswahl hab."

„Eine stockkonservative Fixerin ist sie, die kleine Bieber! Darling, du wirst doch die Lieblingsdroge der Techno-Generation nicht auslassen? Denk an das Motto: ‚Ecstasy für die Ekstase'."

„Du meinst, ich soll mir den Kick bei der Todespille holen? Muss nicht sein. Und überhaupt ist Techno nicht mein Sound."

Justus gab sich gönnerhaft an diesem Abend. Während er ihr nach Abschluss des geschäftlichen Teils ein paar Segnungen moderner Technik mit einem Stolz vorführte, als seien sie sein Werk – Videorecorder, Computer-Schach und allerlei unnütze Kinkerlitzchen à la Hollywood-Film „Bettgeflüster" – kam Karin ein guter Gedanke. Sie brauchte für die Heirat das Familienstammbuch. Justus Teppe konnte sie rasch zu ihren Eltern fahren und vor dem Haus auf sie warten. Wenn die und die Gallo das Auto sähen, würden sie nicht mehr so sehr überzeugt davon sein, sie läge bereits in der Gosse. Die Heuchler mit ihren eigenen Waffen schlagen – prima!

„Würde es dir was ausmachen, mich mal kurz zu meinen Eltern zu fahren? Es dauert nicht lange. Ich muss nur was abholen."

„Wenn's sein muss", kam es genervt zurück.
„Danke, Justus."

„Karin?" Frau Bieber traute ihren Augen nicht. „Komm rein, Kind. Was ist los? Wo lebst du jetzt? Warum bist du hier?" Gleich stürzten wieder die Tränen.

Karin blieb demonstrativ im Flur stehen. „Guten Abend", sagte sie mit Nachdruck. „Ich heirate und brauche deshalb für 'n paar Tage das Familienbuch. Geh bitte und hol es mir."

„Papa ist nicht da. Willst du nicht hereinkommen?"

„Nein. Ich werde vorm Haus erwartet. Beeil dich."

Frau Bieber lief von einem Zimmer ins andere, flüsterte mit Christine, die offenbar durch die Türglocke geweckt worden war, und kam endlich mit dem gewünschten Buch zu Karin. „Du willst heiraten? Ja, aber wen denn bloß? Hoffentlich keinen, der mit Rauschgift zu tun hat?"

„Danke für das Buch. Ich schick's bei Gelegenheit zurück. Wiedersehen. Grüß die Kleine."

„Warte doch, wo ... gib mir deine Adresse ... Ich sag Papa nichts davon ... Hilfe brauchst ..."

Karin ging. Unter ihrer Jacke steckte die Vase aus Meißener Porzellan, die seit Jahren als Prunkstück in der Diele geglänzt hatte. Sie wunderte sich, dass sie nicht schon früher auf die Idee gekommen war. Während Justus den Wagen zurücksetzte, entdeckte Karin hinter drei Gardinen interessierte Zuschauer. Sollten sie nur gaffen!

„Auf wann?", fragte Teppe, als er Karin in der Nähe ihrer Wohnung aussteigen ließ. Karin hatte ihn gebeten: „Fahr mich nicht bis ganz ran. Ich leb bei meiner Tante. Die hasst Männer und würde es mir nicht verzeihen, wenn sie mich mit einem sähe."

Sie überlegte und rechnete. Zwei Gramm hatte er freiwillig rausgerückt, mindestens die zehnfache Menge hatte sie stibitzt, die wollte sie für den Notfall auf Vorrat legen. Sie durfte diesen Supermann nicht erst auf den letzten Drücker wieder treffen, denn dann könnte ihre Stimmung leicht zu aggressiv sein. „Morgen?", schlug sie vor.

„Gleiche Stunde, gleicher Ort. Schlaf gut, Baby."

„Du auch. Und noch mal danke."

△

„Mann, Karin! Ich bin vor Bammel fast vergangen! Wie kannst du so lang wegbleiben?" Henning saß vor einem überquellenden Aschenbecher.

Sie ging auf ihn zu und küsste ihn zärtlich. „Guck mal, was ich hab. Bin ich gut? Das Familienbuch brauchen wir fürs Standesamt und die Vase werden wir gegen Sekt und Rosen eintauschen."

„Alles okay?" Prüfend schaute er sie an.

„Natürlich", versicherte sie. „Er redet wie'n Wasserfall und fürs geduldige Zuhören hat er Stoff rausgerückt. Allerdings nicht besonders viel. Da hab ich dann noch mal zugelangt ohne seine gnädige Erlaubnis."

„Nur fürs Zuhören?", hakte Henning misstrauisch nach.

„Was soll die Frage?", gab sie ärgerlich zurück. „Wenn du mir nicht vertraust, nützt alles Erklären nichts."

„Man wird doch noch fragen und sich wundern dürfen. Unser Geschäft ist sonst nicht von Wohltätern durchsetzt."

„Ich liebe dich!"

„Ich dich auch, Karin, das kannst du mir glauben."

„Henning, wir wollen versuchen nur noch dreimal am Tag zu schießen, ja? Machst du mit? Schritt für Schritt vom Gift runterkommen. Zu zweit geht das besser als allein."

„Ich bin dabei. Wo wir jetzt wieder unter Kontrolle sind, kann das gar nicht schaden. Hoffentlich verlangen die im Altenheim nicht von mir, dass ich die alten Kerls aus dem Bett heben muss. Als Rollstuhlfahrer lass ich mich gern engagieren, auch als Vorleser oder so was. Aber schwere Arbeit könnte zum Breakdown bei mir führen."

Karin lächelte ihn beinahe mütterlich an. „Wer Arbeit kennt und nach ihr rennt und sich nicht drückt, der ist verrückt."

„Ist ja mein Reden."

Karin hatte erwartet in einen ganz gewöhnlichen Kindergarten zu kommen. Stattdessen fand sie sich am nächsten Tag in einem städtischen Hort wieder, in dem Mütter ihre Kinder während der Dauer ihres Einkaufs abgaben. Die ständige Unruhe ließ Karin fast verzweifeln. Zu ihrem Glück war die Leiterin freundlich und geduldig. „Sie stehen kurz vor der Heirat? Fräulein Bieber, gehen Sie ruhig ab Mittag nach Hause. Gewiss haben Sie eine Menge vorzubereiten. Ich unterschreibe die Anwesenheitskarte fürs Gericht, seien Sie unbesorgt. Das kann ich vor meinem Gewissen verantworten. Ich war schließlich auch mal jung.“

Mein zweiter guter Mensch, konstatierte Karin gerührt. Sie nahm es als gutes Omen.

Auch für Henning schien sich die Tatsache seiner geplanten Eheschließung auszuzahlen, zumindest an diesem ersten Tag. Er durfte seine Arbeit im Altenheim am frühen Nachmittag beenden um die erforderlichen Dokumente bei seiner Mutter zu besorgen.

Sie war nicht da, als er kam; das war ihm gerade angenehm. Sein Schlüssel passte noch, was wollte er mehr? Er nutzte den kurzen Aufenthalt in seiner Heimatstadt um in einer Eisdiele und in einer Knopfboutique zwei blitzschnelle Griffe in die mechanischen Kassen zu tun. Familienbuch und Geld sicher in der Tasche, so erreichte er fröhlich sein neues Zuhause.

Freilich, das Warten auf Karin und die Ungewissheit, wie sie es ohne seine Hilfe geschafft habe, bis zum Kaiserbrunnen zu laufen, nicht zuletzt das ungute Gefühl, sie bei Justus Teppe zu wissen, dämpften die Stimmung ein wenig.

Aber dann kam sie zurück, legte Heroin und ein paar Gramm Marihuana auf den Tisch und erzählte von ihrem ersten Tag im Kinderhort und davon, wie viel ihr die Hochzeit mit ihm bedeute. Da zerplatzten alle seine Zweifel wie Seifenblasen.

In der Scene gab es eine, die in einer Arztpraxis arbeitete und von einem gut aussehenden Jungen angefixt worden war, damit sie für Weck-, Beruhigungs- und Betäubungsmittel sorge. Karin mochte diese Nicole, die an ihrer großen Liebe zu einem selbstsüchtigen Schwächling allmählich zugrunde ging. Die Arzthelferin besaß dank der Fürsorge ihrer Mutter eine Reihe hübscher Kleider und erbot sich spontan, Karin, die aus ihrem Gammellook schon nicht mehr herauskam, für den Hochzeitstag auszustaffieren. So kam es, dass Henning in einem Leihhausanzug, Karin in Nicoles Kleid zum Standesamt gingen. Ihre Trauzeugen waren Fixer und in ihren Taschen raschelte gestohlenes Geld, von dem sie die beiden Gäste später in ein Lokal einluden.

„Ein wunderbarer Tag", sagte Karin in der Nacht zu Henning. „Morgen fangen wir endgültig an mit dem Drosseln. Dreimal am Tag, wie verabredet, ja?"

„Ich hab's dir versprochen. Wir nehmen uns das Ende unserer Arbeit in den Heimen als Ziel. Dann müssen wir so weit sein, dass wir uns langsam auf nur zwei Schüsse pro Tag einpendeln. Danach einer, und eines Tages werden wir clean sein. Nach so viel vergeblichen Versuchen hätt ich es nicht mehr geglaubt."

„Ist es nicht herrlich, verheiratet zu sein?"

„Find ich auch, ehrlich. Trotzdem – von selber wären wir nie darauf gekommen."

Karin ging ins Bad und holte die fünfzig roten Hochzeitsrosen zurück ins Zimmer. „Und wenn uns der Duft betäubt heute Nacht", sagte sie, „ich will sie bei mir haben. Immerhin musste ich erst heiraten um zum ersten Mal Blumen geschenkt zu kriegen. Und dann noch rote Rosen!“

△

„Wiederhol doch noch einmal, warum du gestern nicht konntest“, verlangte Justus Teppe am nächsten Abend in unerträglichem Befehlston.

Karin schwieg. Was wusste er?

„Du hast mich beklaut wie ein Rabe. Ich hab’s geschluckt. Aber inzwischen weiß ich endlich, warum du plötzlich auf die bereitwillige Tour abfuhrst. Hau ab, du Biest, und gerate mir nie wieder unter die Augen!“

„Aber Justus …“

„Ich war für dich der blöde Marschierer, der dich miese, dreckige Fixerin unter Dampf hielt! Und das Ganze, damit du irgendeinen ausgeflippten Junkie bei der Stange hältst. Zieh Leine, Mädchen! Und wenn du im Dreck liegst und vor Schmerzen krepierst, ich würde mich eher umbringen als dir zu helfen. So, und jetzt verschwinde, aber ein bisschen flott!“

Ziemlich niedergeschlagen traf Karin zu Hause ein. „Wer kann ihm was gestochen haben?“, überlegte sie laut.

„Das dürfte unsere Hauswirtin gewesen sein“, schloss Henning. „Ich kann sie ja mal fragen.“

Karin nickte. „Tu das. Sonst lässt mir das die ganze Nacht keine Ruhe.“

Henning war schnell wieder da. „Wir lagen richtig. Teppe ist hier gewesen, als wir noch mit den anderen im

Lokal saßen. Er hat die Hauswirtin gefragt, ob sie deine Tante ist. Er wolle sich vorstellen, damit sie sähe, wer er sei und dass sie keine Sorge zu haben brauche dich ihm anzuvertrauen. Na, da hat sie natürlich mit Wonne aus dem Nähkästchen geplauscht."

Am Tag darauf brachte Karin die geliehenen Sachen zurück. Als sie heimkam, stand ein junger Mann vor der Tür, der Henning sprechen wollte.

„Mein Mann ist nicht vor sieben Uhr hier", gab Karin Auskunft. „Er arbeitet."

„Henning verheiratet? Und arbeitet?" Der Fremde lachte laut und konnte kein Ende finden. Karin sah sofort, dass er stoned war. Sie ließ ihn stehen und ging ins Haus.

Dann hörte sie plötzlich lautes Begrüßungsspektakel. „Karin, stell dir vor, Männe ist ..."

„Hermann, bitte", fiel ihm der andere ins Wort.

„Sei doch mal still. Also, Karin, hier steht mein bester Freund Männe, mit dem ich in Holland allerlei aufgetan hab. Er bleibt 'n paar Tage bei uns. Haben wir 'n Bierchen für ihn?"

Sie ging in die Küche und Henning folgte ihr nach einer Weile. „Wir bringen ihn nicht für'n Windei hier unter, das darfst du nicht denken. Er hat 'n Bruch bei 'nem Pusher gemacht und zweihundert Gramm Speed abgeschleppt. So was bringt nur der fertig. Er sagt, die ganzen Amsterdamer Fixer wären von dem Tag an hinter ihm her gewesen. Gestern Nacht ist er schwarz über die Grenze. Jemand aus der Scene hat ihm dann meine neue Adresse gegeben. Hast du nun ein Bier?"

„Henning, wir wollten doch aufhören!"

„Klar!"

„Nimm ihn nicht in unsere Wohnung. Erstens haben wir keinen Platz und zweitens sind wir doch erst einen Tag verheiratet, da wollen wir nicht gleich Fremde um uns haben."

„Unsinn, Karin. Er ist bald wieder weg, ist doch abgemacht. Aber ich bin ihm einfach schuldig, ihn vorerst unterzubringen. Er pennt im Schlafsack auf'm Flur. Vergiss nicht, er ist mit dem ganzen Stoff nicht irgendwohin, sondern zu mir! Der Junge ist 'ne Ringeltaube!"

„Es sollte sich nichts zwischen uns schieben, hast du gesagt."

„Tut es auch nicht. Karin! Komm rüber, wir machen uns 'n gemütlichen Abend." Er holte selbst das Bier aus dem Kühlschrank. „Los", drängte er, „sei kein Frosch!"

Sie ließ sich Henning zuliebe überreden.

In den nächsten Wochen wurde Karin oft an Albert Mönckeberg erinnert. Sie konnte nur Wort für Wort bestätigen, was er damals schon erkannt hatte: Wenn je Menschen eine Hölle durchliefen, dann waren es chronische Speed-Drücker. Männes Version von den Amsterdamer Fixern, die ihn jagten, war Karin schon nach wenigen Stunden in ganz anderem Licht erschienen. Der Junge litt unter furchtbarem Verfolgungswahn. Dass Henning ihr das nicht glauben wollte!

Als sie und Henning eines Abends vom Zigarettenholen kamen, fanden sie Männe mit Schraubenzieher und Messer in der Hand im Wohnzimmer vor den Trümmern der Stereoanlage knien. Henning brüllte, dass die Wirtin protestierend mit einem Krückstock an die Wand klopfte.

Männe schaute den Freund unschuldig an. „Das hab ich nur für dich getan“, versicherte er mit einem so deutlichen Wahnsinn in den Augen, dass Karin lähmende Angst überfiel. „Die Bullen haben Wanzen drin versteckt, aber ich hab sie alle aufgespürt.“

Karin zitterte am ganzen Leib. Seit Tagen hatte sie vor Angst, im Schlaf erstochen zu werden, hohe Dosen Weckmittel genommen, Henning die Couch überlassen und sich nachts in der Küche eingeschlossen. Dort lag sie auf ein paar Kissen und stierte Stunde um Stunde auf die Türklinke. Seit ihr Vater damals in ihr Zimmer eingedrungen war, traute sie keinem Schloss mehr. Henning und Männe trugen ständig Messer mit sich herum, oft saßen sie da mit irren Augen, die durch die Wirkung des Speed eigentlich nur noch aus Pupillen bestanden, warteten und belauerten einander. Beide waren jetzt regelrecht wahnsinnig, seit sie jede Stunde spritzten.

Die abendlichen Gänge zum Zigarettenautomaten waren die einzige Gemeinsamkeit, die Karin gegenwärtig mit Henning verband, obwohl sie eigentlich Zeit füreinander gehabt hätten, denn ihre Arbeit im Altenheim und im Kinderhort war beendet.

Eines Tages wurden die drei vom Läuten der Türglocke aufgeschreckt. Henning griff das Messer fester und bewegte sich Richtung Tür. Männe schubste Karin ins Wohnzimmer und folgte Henning. Karin hörte, dass sie jemandem den Zutritt verwehrten, und glaubte die Stimmen auf dem Flur zu kennen. Sie schlich hinaus und konnte es nicht fassen: Mike, der Plakatmaler, und Biggi Naumann!

„Das sind Freunde von mir!“, rief sie zornig und riss die Tür weit auf, die von den jungen Männern belagert wurde. „Lasst sie sofort rein.“

„Bist du verrückt? Das sind gefährliche Spitzel! Ich helfe euch doch nicht gegen die Bullen, damit du alles zerstörst.“

„Du bist vollkommen wahnsinnig! Kommt rein.“

Mike legte schützend den Arm um Biggi und folgte Karin in die winzige Küche. Henning und Männe hoben die Küchentür aus den Angeln und stellten sich lauernd in die Öffnung.

„Karin, wir nehmen dich mit. Hier musst du ja kaputtgehen“, entsetzte sich Mike.

„Untersteh dich!“, drohte Männe. „Raus, hau ab!“

Karin schaute angstvoll von einem zum anderen.

Mike tat, als sähe er die Messer nicht. „Ich muss dir jetzt was sehr Wichtiges sagen, Karin. Bitte hör mir zu. Nach Andys Tod hab ich gemerkt, dass ich eine totale Kehrtwende machen muss, wenn ich künftig vor mir selber sicher sein will.“

„Hihi“ und „Hört, hört“, rief das lauernde Duo.

Mike ließ sich nicht irritieren. „Ich habe mein Leben daraufhin ganz in Gottes Hand gelegt. Anders konnte ich nicht mit meiner Vergangenheit fertig werden und mit dem ganzen Sucht-Dreck weiterleben. Vor einem Monat hab ich getan, was Gott von mir erwartet hat. Ja, Gott. Ich habe in einem kleinen Ort am Rhein *Haus Zuflucht* gegründet, das ist ein Heim, in dem zehn Abhängige frei werden können. Biggi und ich haben übrigens geheiratet, Karin. Wir sind hier um dich auf unseren Weg zu bringen. Er ist die einzige Rettung."

Immer verwirrter hatte Karin ihm zugehört. Biggi sollte clean und eine von diesen bekehrten Jesus-Typen geworden sein? Von Mike wollte sie das ja noch glauben, aber Biggi Naumann?

„Karin", begann Biggi leise, als habe sie ihre Gedanken erraten, „ich fühle mich mitschuldig an deinem jetzigen Zustand, weil ich dich in die Scene gezogen hab. Die Ärzte haben mir wegen meines schweren Leberschadens noch etwa zwei Jahre Gnadenfrist eingeräumt. Bitte glaub mir, auch wenn's dir schwer fällt, dass ich von meinem bevorstehenden Ende her lebe und alles tun will, Süchtigen den einzigen Ausweg zu zeigen. Ich bin sicher, dass ich das besser kann als andere, denn ich war ja eine von ihnen. Und was für eine! Ich war zuletzt so tief unten, dass es für mich nur noch die Wahl gab, einen Strick zu nehmen oder mein verkorkstes Leben dem anzubefehlen, der gesagt hat, dass ..."

„Hör auf mit dem Scheiß!" Männe stürzte sich auf Biggi. Karin schaute weg. Sie hielt den Atem an. Aber Mike trennte die beiden. „Wir gehen schon. Karin, komm mit. Bei uns bist du sicher. Komm. Bestimmt kannst du noch mal ganz von vorn anfangen. Noch ist es nicht zu spät."

Karin schüttelte den Kopf. „Ich kann nicht", gestand sie flüsternd. „Obwohl ich genau weiß, dass ich hier bald verrückt sein werde, kann ich nicht mitgehen."

„Verduftet endlich!" Männe trat Mike vors Schienbein und hielt ihm das Messer vor die Brust.

„Hier ist unsere Adresse, Karin. Falls du kein Fahrgeld hast – es ist nämlich weit bis zu uns –, wende dich an die Bahnhofsmission. Ich will gleich noch da Bescheid sagen, dass ich die Fahrtkosten jederzeit erstatte. Komm bald, wir erwarten dich."

Als sie allein war, sah Karin, dass Mike ihr eine Bibel zurückgelassen hatte. Sie steckte sie in den Topfschrank, ganz nach hinten. Nicht etwa, dass sie das tapfere Bekenntnis der beiden nicht angerührt hätte. Aber den Weg, von dem sie gesprochen hatten, würde sie niemals gehen können. Trotzdem, so sagte sie sich jetzt, hätte sie ja mit ihnen gehen können, auch ohne frommes Gesabbel. Warum also war sie geblieben? Weil sie genau gewusst hatte, dass es für sie oder die beiden anderen den Tod bedeutet hätte, wenn sie mitgegangen wäre. Zumindest Männe traute sie zu, dass er mit dem Messer auch zustechen würde. Und: Sie liebte Henning doch! Einen Hoffnungsschimmer, eine einzige Chance sah sie noch für den sehnsüchtig erwarteten Tag, an dem Männe fort sein würde.

Stunden später verlor sie die Nerven. Sie stürzte ins

Wohnzimmer und schrie Männe an: „Hau ab, du Dreckskerl. Du machst unsere Ehe kaputt. Wenn du nicht sofort verduftest, spring ich aus dem Fenster!“ Die Freunde saßen vor der demontierten Stereo-Anlage und lachten wie Irre. „Raus, raus!“, schrie Karin und prügelte auf Männe ein. Sie spürte, dass ihr Toben und Schreien erste Wirkung zeigte. Die beiden bekamen Angst vor ihr! Ihr Wahnsinnslachen erstarb.

Dann gab sich Männe einen Ruck: „Wohl nicht mehr ganz richtig im Gehirn? So auszuflippen wie ’ne Irre!“

Da konnte sie nicht mehr. „Du bist vollkommen irre! Total verrückt! Und mit mir soll was nicht stimmen?“ Sie riss einen Fensterflügel auf. „Raus, raus!“, keuchte sie. „Sonst springe ich.“

Henning stand torkelnd auf und wankte zur Tür. Um Himmels willen, ihn hatte sie doch nicht gemeint! „Henning, bleib bei mir! *Er* soll gehen, *er*, dieser Wahnsinnige! Am besten gleich in die Klapsmühle.“

Männe raffte sich auf. Henning stand schon draußen.

Karin lief zur Tür: „Henning!“, flehte sie. „Geh nicht! Bleib du bei mir, sonst spring ich! Henning, ich brauch dich so!“

Er kam tatsächlich zurück, schloss sich aber im Wohnzimmer ein.

Am nächsten Morgen kündigte er die Wohnung. Die Wirtin war froh, die unheimlichen Mieter loszuwerden; sie bestand nicht einmal auf der Einhaltung von Fristen. Henning packte die Koffer. „Ich geh zurück nach Hause. Mit uns beiden ist es aus. Du hast meinen besten Freund in seinem miserablen Zustand mitten in der Nacht auf die Straße gejagt, wo er garantiert erfroren ist, so elend wie er dran war. Das vergesse ich dir nie. Die Wohnung ist gekündigt. Such dir eine neue."

„Nach Hause", stotterte Karin. „Aber Henning, das hier ist doch dein Zuhause. Versteh mich doch. Ich konnte einfach nicht mehr."

„Ich kann auch nicht mehr." Er ging.

11

Am Abend erreichte sie ihre Heimatstadt. „Ihre Eltern sind verzogen. Bahnhofstraße elf!", rief ihr die Gallo spitz und schadenfroh zu.

Frau Bieber öffnete die Tür. Karin schlich an ihr vorbei. Sie sah nicht, wie sich ihr Vater erschrocken aus einem Sessel erhob, wie Christine zornig aufsprang. Wohlige Wärme und heimeliges Licht, friedliche Stimmung, die nahm sie wahr. Der Hölle entronnen! Da war es mit ihrer Beherrschung aus. Sie schluchzte und stammelte Wortfetzen: „ ... euch angetan habe ... mein Leben wirklich ändern ... mir noch einmal vertrauen."

„Setz dich", sagte der Vater leise.

Christine starrte die Schwester voller Verachtung an. „Wir sind extra umgezogen, damit uns die Nachbarn nicht länger wegen dir verachten. Warum lässt du uns nicht in Ruhe?" Sie brach in wütende Tränen aus.

Die Mutter strich ihrer jüngsten Tochter übers Haar und ihr Mann nickte ein paarmal. „Setz dich", wiederholte er. „Karin, was Christine eben gesagt hat, ist richtig. Aber nun bist du einmal da. Heute Nacht kannst du bleiben. Aber morgen musst du ins Krankenhaus gehen oder zu deinem Mann zurück. Hier ist dein Zuhause erst dann wieder, wenn du von der Nadel losgekommen bist. Mein Wort gilt. Davon weiche ich keinen Fingerbreit ab. Wir haben inzwischen über Drogensucht alles, aber wirklich alles gelesen, gesehen und gehört. Wir wissen genau Bescheid und haben gelernt, dass wir dich ganz fallen lassen müssen um dich vielleicht zu retten. Solange du noch Menschen hast, die im Notfall für dich da sind, die dich immer wieder aufnehmen, solange fehlt dir die Voraussetzung zum Loskommen. Du musst wirklich erst ganz am Ende sein um für Hilfe bereit zu werden. Wir haben vieles falsch gemacht. Dich zu bemitleiden war verkehrt und dir immer wieder die Hand zu reichen auch. Ich habe aber begriffen, dass ich mit meinem Schnapstrinken kein Vorbild für dich war. Das Gleiche gilt für Mutter mit ihren Tabletten. Wir haben uns vor einiger Zeit auf Tee und Sprudel umgestellt und es geht auch."

„Papa, ich will ja raus. Ehrlich!"

„Das hören wir nicht zum ersten Mal. Jetzt gibt's keinen Vertrauensvorschuss mehr."

Kurz nach acht Uhr rüttelte Frau Bieber Karin wach, die nach der letzten Spritze mühsam eingeschlafen war.

„Dein Mann ist am Telefon."

Karin tastete sich benommen an der Wand entlang. „Henning?"

„Ich kann nicht ohne dich leben, Karin."

„Dass du das sagst! O Henning, ich bin so froh!"

„Ihr seid umgezogen, nicht? Ich musste eure neue Telefonnummer erst rauskriegen. Sag mal, kann ich vorläufig bei euch wohnen?"

Karins Blick schweifte durch die Wohnung, in der nichts fehlte, was man zu seinem Wohlbefinden brauchte. „Warte einen Augenblick, ja? Ich fühle mal vor." Sie wandte sich an ihre Mutter: „Mutti, was meinst du, kann ich Henning ein paar Tage herbringen, damit ihr ihn mal kennen lernt? Wir würden uns dann in Ruhe um was Neues bemühen. Bitte, Mutti!"

Die Mutter rang mit sich. Sie hätte der verlorenen Tochter so gern geholfen. Aber sie durfte die Lektionen nicht vergessen, die sie gelernt hatte: Hart bleiben. „Nein, Karin. Du weißt, was Papa dir gesagt hat. Das gilt genauso für mich."

Karin zuckte mit den Achseln. „Sorry, Henning."

„Dann komm in meine Bude."

Sie überlegte hin und her. Das hatte sie nun wirklich zuallerletzt gewollt. Aber welche andere Möglichkeit gab es denn, bei ihrem Mann zu sein? Sie würde ihm damit vielleicht ihre Liebe beweisen und wiedergutmachen können, was sie seinem Freund angeblich angetan hatte. „Okay", sagte sie schließlich zögernd. „Ich komme im Laufe des Tages."

Sie fuhr per Anhalter hin. Frau Leitner schaute feindselig, ließ sie aber immerhin in Hennings Zimmer gehen. Er sei einkaufen, gab sie unwirsch Auskunft.

Er kam mit reichlich Stoff zurück.

„Henning, wir wollten doch aufhören! Nur wegen Männe hat es nicht geklappt. Ich möchte hier bei euch nicht lange bleiben. Bitte, lass uns zu Mike und Biggi in das Haus fahren. Da schaffen wir den Ausstieg. Ich will anrufen und Bescheid sagen."

„Aufhören können wir überall. Dafür brauchen wir nicht zu diesem frommen Verein zu stoßen."

„Bitte, bitte, es kann so nicht weitergehen."

„Meinetwegen, ruf an. Frag, ob sie noch 'ne Matratze für mich haben. Komisch, kaum sind wir zusammen, schon fängst du wieder an mich unter Druck zu setzen."

„Wir müssen clean werden, Henning. Das ist wichtiger als alles andere."

Sie reisten mit der Bahn an den Rhein. Mike holte sie von der Station ab. „Ich freue mich, dass ihr da seid. Ihr werdet sehen, jetzt wird doch noch alles gut."

Das Heim war drei Stockwerke hoch und lag in einem großen Garten. Die beiden wurden in einen Raum geführt, in dem nichts als zwei Stühle standen. „Das ist der Ort, an dem ihr die Vergangenheit ablegt", erklärte Mike lächelnd. „Eure Sachen werden auf Drogen hin durchsucht und dann weggeschlossen bis zum Tag eurer Entlassung. Hinter diesem Zimmerchen liegen die Duschen. In dem Raum daneben findet ihr frische Wäsche und Baumwollkleidung. Ich lasse euch jetzt allein."

„He, Mann", rief Henning zurück. „Willst du sagen, wir müssen durch 'ne Entlausungsmaschinerie und kriegen Sträflingskleidung verpasst? Das mach ich nicht mit."

„Willst du frei werden oder nicht?"

„Klar. Aber doch nicht so."

„Es geht nur so", belehrte ihn Mike. „Äußerlich und innerlich neu beginnen. Das ist das Geheimnis." Er schloss die Tür. Sie konnten nur noch nach vorn.

Karin zog sich aus. „Ich finde das gar nicht so schlecht", ermutigte sie ihren Mann. „Lass uns ruhig mal reinriechen in diesen Laden. Schaden kann es bestimmt nicht."

„Ich brauch gleich 'n Schuss! Wie stellst du dir das vor?"

„Unser Turkey soll jetzt Mikes Sorge sein. Ich lass mich überraschen." Nur nicht zeigen, was für eine panische Angst schon der Gedanke an einen Turkey in dir auslöst! Wie komme ich eigentlich dazu, Mike so bedingungslos zu vertrauen? Etwa nur, weil er das Wunder von Biggis Ausstieg vollbracht hat?, dachte Karin schaudernd.

△

„Mike", sagte Karin nach ihrer Einkleidung mit drohendem Unterton, „ich mach dich verantwortlich für meine Zähne. Der vorletzte Entzug war teuer genug."

„Ihr kriegt für ein paar Tage das Dachstübchen", beruhigte er sie. „Ich komme regelmäßig hoch und bringe euch was gegen den Krampf."

„Willst du uns etwa da oben einsperren?"

„Wenn du es ernst meinst, Karin, dann wirst du das auf dich nehmen. Der Entzug ist kein Frühlingsspaziergang, das weiß ich. Aber wenn Biggi und ich es geschafft haben, dann gelingt es dir auch."

Aber es klappte nicht. Nach zwei Wochen offener Rebellion, Verweigerung und wahnsinniger Entzugsschmerzen ließen sie sich ihre persönlichen Sachen wieder aushändigen.

„Beten und arbeiten, Mann, das ist 'ne Losung für'n Mönch! Es ist mir in eurem Laden echt zu hart. Sag ich ganz ehrlich", gab Henning zur Erklärung an.

Und Karin pflichtete ihm schweren Herzens bei. „Wir sind keine Übermenschen, Mike. Euren sogenannten Weg bringen wir einfach nicht. Wir haben es versucht, gib es zu, aber es geht nicht."

„Schade um euch. Aber wenn wenigstens ein bisschen hängen geblieben ist, kann der Aufenthalt hier doch noch zum Segen werden."

△

Wohin jetzt? Sie schliefen in der ersten Nacht bei Nicole, die so elend war, dass sich Karin schämte ihr zur Last zu fallen.

Danach verbrachten sie kurze Zeit auf Hennings Bude, aber Frau Leitner erklärte, sie sei nicht länger in der Lage Karins Anwesenheit zu ertragen.

Da versuchte sie bei ihren Eltern unterzukriechen. Ihr Vater war zur Kur weg und die Mutter nahm sie auf. Weinend zwar und sich selbst anklagend, aber letztlich außerstande gegen Karins Versprechungen und Schönrederei anzukommen.

„In vierzehn Tagen ist Papa wieder da. Wenn er erfährt, was ich getan habe!“

Dann erhielt Karin die Nachricht von Nicoles Tod. Sie beschäftigte sich derartig intensiv mit diesem Ereignis, dass sie schon Moder, verfaulendes Laub und Verwesungsgeruch wahrzunehmen glaubte. Arme Nicole! Aber war sie selber denn besser dran? Was für ein erbärmlicher, unwürdiger Zustand, verheiratet zu sein und vom Partner getrennt leben zu müssen – jeder bei seiner Mutter. Und es sogar noch als besonderes Glück ansehen zu können, nicht auf der Straße zu liegen.

Tagelang hetzte sie mit Henning von einer Adresse zur anderen um eine kleine Wohnung zu finden. – „Sie feiern krank? Bedaure sehr.“ „Arbeitslos? Ihre Frau auch? Seltsam.“ „Wir vermieten nur an ältere Ehepaare.“ – Schließlich mieteten sie sich in einer alten Schule einen leer stehenden Raum mit kleiner Toilette; ein Bad war nicht vorhanden.

Frau Bieber hatte zu ihrer angelernten Härte zurückgefunden. „Nein, Karin, ich kann dir weder ein Möbelstück noch Porzellan oder Bestecke geben. Du bekommst von mir nur Lebensmittel, alles andere würdest du doch nur wieder in Rauschgift umsetzen.“

So holten sie sich die notdürftige Einrichtung vom Sperrmüll. Doch ihnen fehlte der Elan mit diesem Gerümpel wenigstens eine halbwegs wohnliche Atmosphäre zu schaffen.

Drogen und auch Alkohol – es ging rasant abwärts. Karins Hoffnung, gemeinsam rauszukommen, hatte sich grausam zerschlagen. Sie war verzweifelt darüber, dass sie die ihrer Meinung nach allerletzte Chance verspielt hatten. Nun mussten sie zusehen, wie jeder sich selbst zerstörte, und eingestehen, dass ihre Beziehung nur noch funktionierte, wenn sie gerade etwas genommen hatten. Seit Alkohol mit im Spiel war, reagierten sie aus kleinstem Anlass heraus mit Gewalttätigkeiten. Kaum waren sie auf Entzug, schlugen sie aufeinander ein. Und doch erkannten sie in den immer selteneren klaren Momenten, dass sie sich liebten. Aber das machte alles eher noch deprimierender.

Sie stahlen, raubten und fälschten mit geradezu selbstmörderischer Verzweiflung. Henning brach Autos auf und entwendete im Auftrag eines größeren Dealers antike Wanduhren. Karin hatte Nicole damals bei der Übernachtung einen Rezeptblock aus der Handtasche gestohlen. Mit gefälschten Rezepten beschaffte sie mehr als zwanzig Röhrchen und Flaschen, vor allem Polamidon und Ritalin. Henning und sie schossen in dieser Zeit alles, was sie kriegen konnten. Zwischendurch versprachen sie einander aufzuhören, sagten dutzendmal „nur einmal noch", kamen sich vor wie der letzte Dreck, sobald die Wirkung futsch war, wünschten sich manchmal sogar das Ende, waren aber in Wahrheit schon viel zu ausgelaugt um noch irgendetwas wirklich zu wollen.

Schließlich war der Rezeptblock aufgebraucht. Karin kannte die Praxis des Arztes, bei dem Nicole gearbeitet hatte. Sie schlug in der Nacht die Scheibe des Behandlungszimmers ein und kletterte durchs Fenster. Der Wachhund kläffte; Karin kümmerte sich nicht darum. Sie fand keinen Rezeptblock und auch keinen Stempel. Im Medizinschrank mit den Probepackungen, wo sich Nicole immer bedient hatte, fehlte der Schlüssel. Natürlich. Doch das musste kein Hinderungsgrund sein, denn der Schrank hatte Scheiben. Plötzlich stach ihr ein greller Lichtschein in die Augen.

„Kommen Sie zum Fenster", verlangte eine Männerstimme. „Versuchen Sie nicht zu fliehen. Es wäre zwecklos."

Karin hatte großes Glück. Gerade war in der Öffentlichkeit die Diskussion darüber in vollem Gange, dass man den Süchtigen als Kranken und nicht als Kriminellen behandeln müsse. Sie kam mit einer Geldstrafe davon. Aber das war nicht das Ende.

Henning hatte sich, während Karins Verfahren lief, mit einem zwielichtigen Mann zusammengetan. Die beiden dealten im Umkreis von fünfzig Kilometern. Dann wurde der zweite Mann steckbrieflich gesucht und musste sich absetzen. Der Hahn war zugedreht. Für eine Weile wirkte der gesamte Markt wie ausgetrocknet.

Karin half sich zunächst mit Schlaftabletten. Dann waren auch die weg. Von Teppe konnte sie keine Hilfe mehr erwarten, von ihren Eltern ebenfalls nicht. Sie ließ sich in ihrer Not von einem Arzt, der ihr von einem Bekannten als morphiumsüchtig genannt worden war und der angeblich Verständnis für Fixer hatte, Polamidon verschreiben. Dreimal die Woche durfte sie kommen um eine Flasche abzuholen. Die teilte sie mit Henning; die Menge reichte für sie beide nicht einmal für einen halben Tag!

„Uns hilft keiner mehr“, sagte Henning trübsinnig. Er kauerte auf dem Boden.

Karin lag auf der schäbigen Couch. Sogar die Sperrgutmöbel, sofern sie auch nur ein bisschen nach was ausgesehen hatten, waren längst versetzt worden. Selbst Karins Wolldecke, die sie wegen ihres ständigen Frierens dringend brauchte, war verkauft.

„Schlag jemanden zusammen“, bettelte sie ihn an. „Ich kann seit gestern nicht mehr aufstehen, meine Beine tun's nicht mehr. Bring ein Stück Brot und was zu schießen, Henning, bitte!“

„Ich kann dich nicht mehr ertragen“, sagte er und schrie auf einmal los: „Du weißt, dass es schon für *einen* schwer ist, sich durchzubringen, aber zu Hause noch 'n Wrack liegen zu haben, das schafft keiner!“

„Tu was“, jammerte sie. „Tu doch was.“

Er ging. Sie wusste, dass sie ihm jetzt ganz und gar ausgeliefert war. Wenn er nicht bald mit Stoff und einem bisschen zu essen kommen würde, brauchte sie auf kein Morgen mehr zu warten.

Doch es gab einen neuen Tag für sie. „Guck mich an!“, heulte Henning auf und warf ihr Kokain und einen Riegel

Schokolade ins Gesicht. „Unter die Strichjungen ist er für dich gegangen, dein Geliebter!“ Er schluchzte auf und lief in den Toilettenraum, drehte den Kran bis zum Anschlag auf und hielt minutenlang den Kopf unter den Wasserstrahl.

Karin kroch ihm nach. „Henning, ich schwöre dir, wenn ich nur ein paar Tage regelmäßig geschossen hab, komme ich wieder hoch. Dann brauchst du das nie mehr zu tun.“ Leiser setzte sie hinzu: „Glaub doch bloß nicht, Teppe hätte mich mit weniger bezahlen lassen als diese Schweine dich.“ Da trat er nach ihr.

Von einem Tag auf den anderen war die Stadt wieder mit Drogen überschwemmt. Auswärtige Pusher hatten das große Geschäft auf diesem ausgedörrten Markt gerochen. Henning kam aus der Scene, als habe er das große Los gezogen. „Karin, frohe Botschaft! Wir können uns heut Abend einen richtig starken Druck Speed machen. Morgen geht's uns gut! Mann, ist das ein Gefühl! Von jetzt ab steigt's bergan. Guter Termin, was? Einen Tag vor unserm einundzwanzigsten!“

Karins Augen waren wie Fieberkugeln. Hämmernde Kopfschmerzen und zehrende Schweißausbrüche, Hunger, Sorgen und Angst hatten ihr schmales, knochiges Gesicht gezeichnet. „Was hast du denn an Land gezogen? Und wie viel?“

„Für jeden ein Gramm Speed, ein Gramm Heroin und 'ne satte Ladung Hasch.“

Sie fischte ein paar zerkrümelte Cornflakes aus der fast leeren Schachtel.

Mit Hasch und Speed hielten sie sich munter. Sie wollten um Mitternacht das Fenster öffnen und sich vorstellen, Glocken würden ihren Geburtstag einläuten, wie sie es dem neuen Jahr zu Ehren taten. Karin konnte nicht aufstehen. Aber morgen würde sie auf die Beine kommen. Bestimmt.

„Noch zwei Minuten", meldete Henning vom Fenster. Bei den Mietern, die das ehemalige Klassenzimmer neben ihnen bewohnten, tönte aus dem Radio das Zeitzeichen. Dann war es soweit. „Vierundzwanzig Uhr", hörten sie einen Rundfunksprecher sagen. Henning trug Karin zum Fenster, sie küssten sich und gratulierten einander. Karin schloss die Augen. Wenn sie doch Minuten wie diese festhalten könnte! Seltene glückliche Gegenwart nie Vergangenheit werden lassen müssen. Wie sie sich das wünschte! Heute war Henning endlich wieder der Mann, den sie liebte. Jetzt war er nämlich er selber, wenigstens jetzt, in diesem Moment. Nicht ein vom Gift zerfressenes Ungeheuer, das ihr Furcht einflößte.

Sie lagen bis in den Morgen wach und sagten einander wunderbare Dinge. Die Kopfschmerzen waren erträglich geworden; für Karin existierte seit ein paar Stunden wieder der geheimnisvolle Begriff Zukunft.

Sie musste ganz kurz eingeschlafen sein, denn sie fuhr erschrocken hoch, als Henning aus Versehen gegen die Couch trat. „Ich mach uns einen Schuss fertig. Wenn ich dem Pusher glauben darf, können wir einen Prädikatsstoff erwarten. Es wäre also ganz gut, du stündest mal kurz auf, damit dein Kreislauf in Bewegung kommt."

„Ich bin zu tranig."
„Gib dir 'n Ruck."
„Ach nein. Lass mich zuerst drücken, ja? Henning, das war heute Nacht schön!"
„Das kannst du ruhig laut sagen! Aber es bleibt auch okay. Ich checke heute noch mehr, verlass dich drauf. Das bin ich unseren Geburtstagen einfach schuldig. – So, hier." Er half ihr noch beim Abbinden, weil sie kaum die Augen auf bekam. Dann schoss er selbst zwischen seine Zehen, legte seine Spritze vorsichtig auf ein Wasserglas und ging zur Toilette. Karin drückte ab und spürte im gleichen Moment, dass das zu viel war. Sie bekam keine Luft mehr.

Henning kam zurück und sah Karin mit der Nadel im Arm daliegen. Erst durchfuhr ihn ein Schreck, aber dann erklärte er sich den Anblick mit ihrer Müdigkeit und Schwäche. Er zog die Nadel heraus. Da überfiel ihn Panik. Er starrte auf ihre blauen Lippen und das aufgedunsene Gesicht. Sie röchelte nur noch schwach. Er füllte hastig einen Eimer Wasser und goss ihn über ihr Gesicht. „Komm zu dir!" Nur keinen Krankenwagen holen! Sie waren beide vorbestraft. Ihnen drohte jetzt Haft, wenn sie als Rückfällige auch nur mit einer winzigen Menge Stoff für ihren Eigenbedarf erwischt würden. „Karin!" Er schlug die Bettdecke zurück und sah, dass sie von den Füßen bis zum Bauchnabel bereits blau angelaufen war. Er hetzte zu einer Notrufsäule. Sollten sie ihn einsperren! Wenn Karin nur nicht starb!

Er rannte zurück, tätschelte ihre Wangen, rief hundertmal ihren Namen, bis die Sanitäter kamen und sie auf eine Trage hoben. Henning fuhr mit in die Klinik.

„Die ist nicht mehr", sagte einer der Sanitäter.

Henning setzte sich auf den Gang der Ambulanz und wartete. Wenn es Ärzte fertig brachten, Ertrunkene wiederzubeleben, warum sollten sie nicht auch seine Frau zurückholen? Nach Stunden gab ihm eine Krankenschwester Recht: „Ihre Frau ist über den Berg."

Karin erwachte nur widerwillig aus ihrem Dämmerzustand. Sie befand sich in einem Raum mit gepolsterten Wänden, vergitterten Fenstern und einem Spion in der Tür. Kaum hatte sie den Kopf ein wenig gehoben, wurde aufgeschlossen und ein junger Arzt trat ein.

„Bin ich im Gefängnis?", fragte sie ihn ängstlich. Sie war mit Gurten ans Bett geschnürt.

Er schüttelte den Kopf. „Sie sind im Krankenhaus, weil Sie einen missglückten Selbstmordversuch unternommen haben. Damit das nicht noch mal passiert, werden Sie nun ständig bewacht."

„Warum haben Sie mich festgebunden? Ich wollte mich nicht umbringen. Sie irren sich."

„Wir haben einen Nervenarzt verständigt. Der wird Ihre Einweisung in ein Landeskrankenhaus veranlassen."

„Das dürfen Sie mit mir nicht machen! Ich hab gelesen, die Ärzte sind da manchmal selber verrückt. Da komm ich doch nie wieder raus! Wenn Sie das tun, Doktor, dann … dann bring ich mich wirklich um."

„Sehen Sie", entgegnete der Arzt, „darum werden wir auf Sie aufpassen. Versuchen Sie zu schlafen. Die Schwester kommt später noch mal mit einer Spritze." Er ging und schloss wieder ab, obwohl sie doch gar nicht in der Lage war zu fliehen.

Je besser ihr Verstand wieder funktionierte, desto fester wurde ihr Entschluss dem Nervenarzt zuvorzukommen. „Ich möchte sofort entlassen werden", sagte sie zu einer Krankenschwester. „Bitte holen Sie einen anderen Arzt als den, der eben bei mir war."

„Sie können nicht aufstehen. Und laufen schon gar nicht", belehrte die Schwester sie. „Außerdem haben wir Anweisungen vom Chefarzt. Sie werden von uns ans Landeskrankenhaus überstellt."

„Überstellt? Das gibt's doch nur bei den Bullen. Ich will hier raus! Bitte, Schwester, helfen sie mir."

„Tut mir Leid."

Am Morgen darauf sagte sie zu einem älteren Mediziner: „Ich bin bereit zu unterschreiben, dass ich auf eigene Verantwortung gehe. Sie brauchen mich hier nie mehr aufzunehmen. Nur bitte, lassen Sie mich raus."

„Sie können keine Verantwortung mehr für sich selbst übernehmen. Wir sind dazu da, Leben zu schützen, nicht zu gefährden."

„Wie Sie sehen, bin ich nicht mehr festgebunden. Ich werde mit Ihnen zusammen durch diese Tür gehen."

„Dann müssen wir leider die Polizei verständigen. Frau Leitner, seien Sie doch vernünftig!"

„Ich sag Ihnen noch einmal, dass ich keinen Selbstmordversuch unternommen habe und dass ich für mich sorgen kann. Ein Versehen, weiter nichts. Ich verschwinde jetzt. Es ist mir einerlei, wenn Sie die Polizei auf mich hetzen. Hauptsache, ich muss nicht auf Nimmerwiedersehen ins Landeskrankenhaus."

„Es wird viel Unsinn geredet auf dieser Welt. Aber Sie schießen den Vogel ab! Meinem Kollegen haben Sie schon dummes Zeug erzählt über verrückte Ärzte. Ich verbitte mir das."

„Sie lesen wohl keine Zeitung?" Mit diesen Worten drückte Karin sich an ihm vorbei. Er unternahm allerdings nichts, sie gewaltsam zurückzuhalten, und schickte ihr auch keine Polizei nach.

Noch am selben Tag ging sie dann selbst freiwillig zur Kripo, mit Henning. Das musste einen guten Eindruck machen. Nein, mit Drogen habe man nichts mehr zu tun. Nur wegen ihres Geburtstags – „Gleich beide an einem Tag! Hier, sehen Sie nur!" – seien sie noch einmal auf die Idee gekommen ein bisschen zu törnen.

Sie erhielten eine sehr ernste letzte Verwarnung und wurden aufgefordert sich stets vor Augen zu führen, dass der nächste Schuss sie unweigerlich hinter Gitter bringen könne. Dann durften sie gehen.

Sie fielen sich auf der Straße vor Erleichterung in die Arme. Und doch dachten beide schon wieder an den nächsten Schuss.

12

Henning zog ein Päckchen ohne Absenderangaben unter der Couch hervor. „Das ist am Geburtstag für dich angekommen. Von deinen Alten, schätz ich."

„Haben die mir nachspioniert? Von mir kennen sie unsere Adresse nicht."

Der Karton enthielt außer Lebensmitteln eine Glückwunschkarte, auf die der Vater, ihre Mutter würde das nicht fertig bringen, ein Kalenderblatt mit einem Wort von Konfuzius geklebt hatte. Karin las: „Der Mensch hat drei Wege, klug zu handeln. Erstens durch Nachdenken: Das ist das Edelste. Zweitens durch Nachahmen: Das ist das Leichteste. Drittens durch Erfahrung: Das ist das Bitterste." Wütend zerriss sie die Karte.

Henning nahm einen rotbackigen Apfel aus dem Paket, biss zweimal hinein und warf ihn weg. Leber, Galle, Magen – alles rebellierte inzwischen. „Tja", sagte er, „Frau Leitner, was soll aus uns werden? Den Stoff für zwei ranzukarren ist auf die Dauer ein Unding."

„Aussteigen werden wir", erklärte sie, „peu à peu, aber eisern."

„Ab morgen meinetwegen. Heute ziehen wir noch mal 'ne Haschpfeife durch und dann mach ich mich auf die Jagd nach 'ner Großladung Stoff. Zum Abgewöhnen ..."

„Ich hau mich hin. Mir geht's nicht besonders."

Sieben Tage lang spritzten sie mit einer Gier, wie Menschen beim Essen zulangen würden, die wissen, dass sie anschließend hungern müssen. Karin war jetzt jedes Mal für Minuten nach dem Schuss ohne Besinnung; ihr Körper verkraftete das Gift nicht mehr.

„Henning?"

„Hm?"

„Kommen wir da wirklich raus?"

„Verschon mich doch mit solchen Fragen."

Verschonen hatte er gesagt? Das lag schon wieder dicht bei dem Geständnis: Ich kann dich nicht mehr ertragen. Was sollte aus ihr werden, wenn er eines Tages wirklich gehen würde? Sie waren beide total und radikal am Ende. Kaputt. Der letzte Dreck. Weder der Tod naher Freunde noch Festnahmen, finanzielle Not oder Krankheit hatten die Umkehr gebracht. Nur Schwafeln vom Ausstieg. Mike hatte Biggi doch rausgeholt. Warum schafften es Henning und sie nicht auch?

„Ich glaube, wir zwei sind uns zu ähnlich", ließ Karin ihren Mann das Ergebnis ihres dumpfen Nachdenkens wissen. „Deshalb ist nie einer von uns dem andern ein Stück voraus, dass er ihn den Berg hochziehen könnte."

„Du bist mir eine zu große Last", offenbarte er brutal. „Wenn ich dich gut untergebracht wüsste, dann wär ich bald draußen. Mit dir ist es unmöglich."

„Ich bin also schuld?"

„Hab ich was von Schuld gesagt?"

„Ich kenne keinen, der anders frei geworden wäre als Mike und Biggi", sagte sie.

„Du kennst eben außer den beiden überhaupt keinen, der von der Nadel weggekommen ist. Für manche Typen mag das ja auch tatsächlich gut und richtig sein in so 'nem frommen Entzugsverein. Aber nicht für mich. Ich fühl mich da wie im Laufställchen. Lauter erhobene Zeigefinger drohen vor meinen Augen: Du darfst dies nicht, du darfst das nicht! Mann, wenn du dann von denen weggehst, checkst du allein gar nichts mehr. Ich kannte einen, der hatte in verschiedene therapeutische Wohngemeinschaften reingerochen, Synanon, Wolfsmünster und so, und sie haben versucht ihn weich zu klopfen. Tot ist der jetzt."

„Da können die doch nichts für, dass der Knabe 'n Abgang macht, weil er rückfällig geworden ist."

„Die hatten ihn total verunsichert! Als er von da wiederkam, wusste er, wie mies und unfrei er war, und dass es keine Lösung für einen wie ihn gab. Da hatte er am Atmen keinen Spaß mehr. So ist das. Und trotzdem bleiben andere Leute in den Wohngemeinschaften auf Dauer clean. – Ich bin jedenfalls für mich fest davon überzeugt, nur durch 'n einsamen Cold Turkey den Absprung zu schaffen. Nur noch nicht sofort."

„Ja, ja, nur nicht sofort! Mensch, Henning, ich bin jetzt so weit, dass ich jede Hilfe annehmen würde. Wir sind restlos im Eimer, wenn wir auch nur noch eine Woche weitermachen. Knast, Klapsmühle, Friedhof. Und das mit einundzwanzig?"

„Okay, Karin, geh zu den Frommen. Hab nichts dagegen."

„Bring mich zu 'nem Telefon, ja?"
„Du musst's wissen."
Mikes Stimme klang sehr lieb. „Ich freue mich, dass du wiederkommst. Aber hör auf meinen Rat und geh zuerst in ein Krankenhaus. Du bist ziemlich runter und ich möchte, dass du körperlich besser dran bist, wenn du bei uns anfängst."
„Du denkst bloß, ich würd wieder umkippen, so wie neulich mit Henning zusammen. Gib's zu, du willst mich deshalb nicht."
„Ganz im Gegenteil, Karin! Wenn du verlangst, dass ich es dir beweise, setz dich in den nächsten Zug. Denk aber daran, dass du bei der Entzugskrise im Dachstübchen allein sein würdest. Beim letzten Mal hattest du Henning dabei."
„Der ist im Krankenhaus auch nicht bei mir."
„Da kann er dich aber besuchen. Außerdem ist die Versorgung mit Medikamenten da besser als hier. Versuch's erst in einer Klinik. Solltest du keinen Platz kriegen, ruf an. Notfalls hol ich dich."
„Tschüs." Sie legte den Hörer nachdenklich auf. Sie dachte: Ich weiß nicht, was los ist. – Immer wenn ich die besten Vorsätze habe, geht alles schief. Ins Krankenhaus will ich nicht. Höchstens in das, wo ich mit Gelbsucht gelegen habe. Ich versuch's da einfach mal.
Der Arzt bedauerte außerordentlich, er habe zu schlechte Erfahrungen mit Drogenabhängigen gemacht. Im Interesse der anderen Patienten könne er keine mehr aufnehmen.

„Siehst du? So viel Pech wie ich hat so leicht kein Zweiter."

„Doch", widersprach Henning. „Ich."

„Lass uns nach Hause gehn. Ich packe meine Tasche und fahre zu meinen Alten."

„Hatten wir das nicht schon mal?", fragte er ironisch.

„Diesmal bin ich echt arm dran, da können sie mich nicht wegschicken."

Karin läutete bei ihren Eltern, aber niemand öffnete. Nach einer Weile gelangte sie zusammen mit einem anderen Mieter ins Treppenhaus und klingelte dreimal an der Etagentür. Nichts. Sie setzte sich erschöpft auf die Fußmatte und wartete. Nach ungefähr einer Stunde kehrten die Eltern und Christine heim. Entsetzt starrten sie in Karins bleiches, von Wahn und Todesangst gezeichnetes Gesicht.

„Kann ich bei euch bleiben?"

Der Vater fing sich als Erster. „Du hast unsere Antwort im Voraus gekannt und bist trotzdem hier. Ich sage nein und nochmal nein. Nicht mehr über unsere Schwelle, bevor du es nachweislich ein paar Monate ohne das Gift ausgehalten hast."

Die Mutter schluchzte auf und floh in die Wohnung. Christine folgte ihr wortlos.

Karin zog sich langsam hoch und sah, wie sich der Vater vor ihrem jammervollen Anblick abwandte. „Kann ich denn wenigstens in eurem Keller bleiben? Ich bin so schlecht dran, Papa", wimmerte sie.

„Nein, nichts zieht mehr bei uns. Geh vors Haus, ich komme gleich und fahre dich zurück.“ Er verschwand hinter der Tür.

Zurück? Was mochte er sich darunter vorstellen?

Wenig später stand er neben ihr und reichte ihr eine Banane – „Tine-Schwesterchen, guck, die Frucht mit dem Reißverschluss, happ!“ – und einen Becher Saft – „Christinchen, blas mal kräftig in den Halm, dann kocht dein Apfelsaft.“ – Karin gab sich Mühe die Erinnerungen abzuschütteln. Sentimentalität war nicht angebracht. „Warum lässt du uns nicht in Ruhe?“ – das war Realität!

Sie stiegen ins Auto und Karin bemerkte an einem Fenster im ersten Stock eine grüßende Hand. Sie wünschte sich, sie gelte ihr.

„Wohin also? Wohnst du noch in der alten Schule?“

„Nein.“

„Sondern?“

„Nirgends.“

Sein Blick streifte sie flüchtig, er zog den Zündschlüssel wieder heraus, stieg aus und bat sie auf ihn zu warten. Sie sah ihm nach, wie er gebeugt aufs Haus zuging. Ein alter Mann, dachte sie erstaunt. Auch ihr Werk? Diesmal musste sie lange auf ihn warten.

„Ich habe mit Doktor Kleiner telefoniert“, sagte er später beim Einsteigen. „Das ist der Verwandte von unserem Hausarzt, zu dem du damals nicht gehen wolltest. Ich bringe dich jetzt hin.“

„Wo war das gleich? In Köln?“

„In Neustadt. Mutti hat dir ein paar Sachen eingepackt,

Nachthemden, Waschzeug und so weiter, damit du da nicht einziehst wie eine Obdachlose."

„Ich bin obdachlos."

„Allein deine Schuld."

„Pah", machte Karin verächtlich. „Warum bin ich denn bisher nicht stark genug gewesen um durchzuhalten? Weil ihr mir meine ganze Kindheit durch nichts anderes vorgelebt habt als Resignieren und Versagen."

„Natürlich! Geh mal hin zu den Elterntreffen und lass dir aufzählen, was die drogensüchtigen Sprösslinge ihren Vätern und Müttern vorgehalten haben: Zu hart, zu weich, zu lasch, zu ordentlich, zu autoritär, zu uninteressiert, zu egoistisch ... ach, geh mir weg! Warum ist deine Schwester keine Fixerin geworden? Sie hat die gleiche Erziehung. Die erspart sich eben durch Nachdenken den Weg ins eigene Unglück."

„Sprüche", sagte Karin laut. Aber in ihr meldete sich klar wie selten die Stimme. „Ich halte durch! Ich will nicht sterben."

△

Der Entzug übertraf schlimmste Ahnungen. Karins Kopf hing schief und zuckte, sie bekam ihn nicht unter Kontrolle. Speichel floss unkontrolliert aus dem verzerrten Mund. Jeder Nerv schmerzte. Sie hatte höllische Wahnvorstellungen; doch dann wurde wenigstens der Verstand wieder klarer.

Als Henning am Ende der ersten Woche zu Besuch kam, sah sie seinen Augen an, dass er nichts genommen hatte. Sie war stolz auf ihn! „Du hattest wirklich Recht", sagte sie zu ihm. „Ohne mich schaffst du's. War's schlimm?"

„Und ob! Es war der grausamste Cold Turkey bisher. Wann kannst du hier raus?"

„Doktor Kleiner macht sich Sorgen wegen der Krämpfe und meiner Lebervergiftung. Jedenfalls hört sich das so an, wenn er bei den Visiten loslegt. Zwei Monate wird er mich bestimmt behalten."

„Ich will versuchen demnächst irgendeinen Job zu kriegen. So hab ich ja nicht mal 'ne Krankenversicherung für 'n krampflösendes Medikament."

„Ich will dir ja nicht reinreden, aber meinst du nicht, du könntest deine Ausbildung irgendwo zu Ende bringen?"

„Wenn du Spaß am Verhungern hast."

„Ich kann auch bald wieder arbeiten und Geld verdienen. Mensch, Henning, ich glaube, diesmal haut's hin!"

„Mach mal das Päckchen auf. Ich hab dir was mitgebracht."

„Mir genügt's, wenn du kommst. Du brauchst mir nichts mitzubringen."

„Hab ich aber."

Sie packte ein Kofferradio mit Ohrhörern aus. „Oh, das kann ich hier gut brauchen. Wie hast du …?"

Er winkte ab. „Man kann nicht von einem Tag auf den andern clean und ehrlich werden. Erst weg vom Stoff, danach tu ich was fürs Gewissen."

Sie lachte. „Jedenfalls freue ich mich über den Brüllwürfel. Vielen Dank."

In den folgenden Wochen kamen auch ihre Eltern einmal zu Besuch. „Es schneidet mir ins Herz, wie furchtbar du dran bist", jammerte Frau Bieber. „Wenn doch bloß nicht wieder alles Hoffen und Bangen vergeblich ist!"

Henning reiste öfter per Anhalter an. Zweimal stellte Karin schon bei seinem Eintreten an Haltung und Gesichtsausdruck fest, dass er wieder gespritzt hatte. Sie konnte es ihm nicht übel nehmen und erwähnte es ihm gegenüber nicht einmal. Sie glaubte ihm, dass er den Ausstieg diesmal ernsthaft wollte.

Nicht zuletzt, um Liebe und Ehe zu retten, die ihnen beiden wichtig und wertvoll waren; hatten sie nicht sogar die Hölle überdauert?

Der Tag, an dem Karin entlassen wurde, fiel auf den ersten Adventssamstag. Obwohl sie dem Ereignis lange entgegengefiebert hatte, kam es jetzt überraschend. Besonders für Mike, der Karin nach ihrer letzten Nachricht erst zum Januar erwartet und deshalb kürzlich noch zwei junge Mädchen aufgenommen hatte. „Am fünfzehnten Dezember verlassen uns die beiden Schäffers, Karin. Du hast sie ja kennen gelernt. Das Zimmer bekommst du. Kannst du die wenigen Tage überbrücken? Oder hast du Bedenken? Dann sag's."

„Absolut nicht!", versicherte sie. „Ich fühle mich zum Bäumeausreißen."

„Du weißt, wie ich das gemeint habe, Karin."

„Keine Sorge, Mike. Ich bin seit Monaten clean und

werde es auch bleiben. Also dann", beendete sie das Gespräch, weil es ihr peinlich wurde, „auf bald."

Henning holte Karin mit einem Leihwagen ab. Um einander zu beweisen, wie froh sie waren, von der Nadel weg zu sein, machten sie sich gegenseitig auf die Fixer aufmerksam, die durch die verschneiten Straßen schlichen oder sich in Geschäftseingängen herumdrückten, schlotternd vor Kälte und vermummt wie die Eskimos. „Das ist passé, mein Kind."

„Ab dem Fünfzehnten kannst du in die *Zuflucht*? Dann müssen wir vorher noch unseren Krempel verkaufen. Ich gehe vorläufig zu meiner Mutter, das spart Miete. Wenn du bei Mike die Nase voll hast, suchen wir uns 'ne richtige Wohnung statt 'ner Bleibe."

„Verkaufen willst du diesen Müll? Das schmink dir ab. Wir geben ein Inserat auf, dass derjenige, der alles wegholt, den ganzen Mist umsonst kriegt. Für Geld wirst du nämlich nur die Couch los, und was machst du dann mit dem anderen Dreck?"

„Wie du meinst, Frau Leitner. Jetzt fängt der anständige Teil unseres Lebens an, was?"

„Sag bloß, du hast einen Job!"

„Versprich mir, dass du nicht erschrickst, dann verrat ich's dir." Er raunte ihr lachend zu: „Ab Januar stehe ich in der Ladenpassage und verkloppe Blumen."

„Blumen?", fragte sie gedehnt.

„Ist was? Komm mir jetzt nicht mit Lehre zu Ende machen und Volkshochschule oder so was. Ich hab mir ’ne ehrliche Arbeit gesucht, nun sei zufrieden.“

„Sag ich vielleicht was dagegen?“

„Es hörte sich verdammt so an.“

Als sie nach Hause kamen, hing an ihrer Türklinke ein prall gefülltes Einkaufsnetz. Karin kannte es sofort wieder: Es gehörte ihrer Mutter.

„Das soll wohl heißen, dass ich dich nicht ernähren kann!“

„Ist doch gut gemeint“, machte Karin einen schwachen Versuch ihre Eltern zu verteidigen.

„Das Gegenteil von gut ist: gut gemeint“, gab er ärgerlich zurück.

Sie streichelte sein Gesicht und lehnte ihren Kopf an seine Schulter. „Kleine Fische“, sagte sie. „Reg dich nicht unnötig auf.“ Sie goss den Inhalt des Netzes auf den Tisch. „Adventsgebäck, Obst und Fertiggerichte, bedien dich!“ Plötzlich kniff sie die Augen zusammen um besser sehen zu können. „Hast du auf dem Fußboden gegessen?“ Sie zeigte irritiert auf einen Suppenteller, in dem ein Rest weißlicher Brühe schwamm.

Henning lachte etwas verlegen. „Nee, nee, das ist Alwines Platz.“ Er fügte zur Erklärung an: „Meine Katze.“

„Seit wann hast du eine Katze?“

„Sie saß irgendwann vor dem Fenster und glotzte mich traurig an. Da hab ich ihr erlaubt sich einen Moment aufzuwärmen.“

„Wo steckt sie jetzt?"

„Weiß nicht. Vielleicht bei ihrem Ehemann." Sie lachten beide.

„Nun musst du schon drei durchs Blumenverkaufen ernähren", neckte sie ihn. „Wirst du das schaffen?"

„Ich hab jedenfalls die besten Absichten."

Karin holte ihr Kofferradio aus der Tasche und suchte die Skala nach Musik ab. Sie fürchtete sich vor der Stille zwischen ihnen. Wenn Henning gleich locken würde: Nur einmal noch, Karin, einen allerletzten Fix als Belohnung fürs Abgewöhnen. Was dann? Sie kannte sich!

„Woran denkst du?", fragte er und griff nach ihrer Hand.

Karin zuckte zusammen. Keine Lüge mehr! „Ich musste gerade an deine verrückten Verstecke denken. Du hattest Stoff in Tischtennisbällen und in Kugelschreibern ..."

„Und woran hast du nun wirklich gedacht?"

„Ich habe Angst", gestand sie. „Die ganze Zeit zittere ich davor, einer von uns könnte *einmal noch* sagen."

„Einer von uns? Du meinst doch nur mich!"

„Nein", beteuerte sie, „ich fürchte mich viel mehr vor mir."

Er nahm sie in seine Arme. „Wir werden schon lernen mit unserer verdammten Sucht fertig zu werden. Das Gefährliche ist das trügerische Gefühl wieder ganz auf dem Posten zu sein. Du denkst, jetzt bist du clean, eigentlich müsstest du einen Entspannungsschuss verkraften, ohne dass der Schlamassel von vorn anfängt. Unsere

Fixergedächtnisse sind wie ein Sieb für die miesen Erlebnisse. Dafür speichern sie jede Sekunde, die man high und happy war und sich als Größter fühlte." Er legte Karin auf die Couch und reichte ihr das Kofferradio. Dann holte er ein Fläschchen Kaffeesahne und goss sie in Alwines Napf. „Ich will verflucht sein, wenn ich in meinem Leben noch ein Spritzbesteck in die Finger nehme", sagte er und ließ die Katze herein, die vor dem Fenster miaute.

Karin war später froh darüber, dass sie mit Henning ehrlich über ihre Angst, rückfällig zu werden, gesprochen hatte. Die Beziehung zwischen ihnen war dadurch frei von Heimlichkeiten und Misstrauen. Doch je näher die Stunde ihrer Trennung rückte, desto unruhiger wurde Karin. Schon schwankte sie wieder in ihrer Entscheidung zu Mike und Biggi zu gehen.

„Natürlich fährst du", sagte Henning mit Entschiedenheit. „Wenigstens den Winter über. Vielleicht erholst du dich da so schnell, dass wir schon im Frühling wieder zusammensein können."

„Ich bin so glücklich mit dir. Warum muss unsere Ehe bloß dauernd aus Trennung bestehen?"

„Stell dir einfach vor, du hättest erst mit zweiundzwanzig geheiratet oder noch später, dann hast du jetzt noch gar nichts versäumt. Ich horte jede Menge Moos, und wenn du wiederkommst, fangen wir noch mal von vorn an. Besser und schöner und perfekter als beim ersten Mal."

„Ich möchte einen alten Bus haben und damit um die Welt reisen."

„Klar. Blumen kann ich schließlich überall verkaufen. In Italien, in Spanien ... In Amerika müssten wir wahrscheinlich Plastikblumen nehmen."

„Ich wünschte, es wäre Frühling!"

△

Einen Tag vor ihrer Abreise holte ein Entrümpelungsunternehmen ihre Habseligkeiten ab. Karin ging es sehr schlecht. Das Großreinemachen und Zusammenräumen ging über ihre Kräfte. Henning hatte sich von dem Lastwagenfahrer in die Innenstadt mitnehmen lassen um dort letzte Besorgungen zu machen. Karin saß in der leeren Wohnung auf dem Boden. Es hallte, wenn sie mit der Katze sprach.

„Alwine, genieß deinen letzten guten Tag", sagte sie und schob den Karton, in dem die Katze lag, mit ihren Füßen hin und her. „Ab morgen wohnst du bei Frau Leitner senior. Die kann Menschen schon nicht leiden. Wie mag es dir da erst gehen? Na ja, du hast für alle Fälle Krallen. Du schaffst das schon."

Sie warf den bunten Ball aus Patchworkstoff zur Tür und rüttelte an dem Karton. „Los, Alwine, fang's Bällchen."

Die Katze reckte sich träge und tat ihr den Gefallen. Karin lag auf dem Bauch und kämpfte leise lachend mit dem geschmeidigen Tier um das Spielzeug. „Ich kann nicht mehr, Alwine. K. o." Sie legte erschöpft den Kopf auf die Arme und wartete, dass das Drehen hinter ihrer Stirn und der klopfende Schmerz nachließen. Dass sie so schwach war! Henning hatte Recht. Sie musste die Zeit in der *Zuflucht* als Kuraufenthalt betrachten und den festen Willen haben gesund zu werden. So gesund, wie es ihre Leber eben noch zuließ.

Die Katze war enttäuscht, dass das Spiel zu Ende sein sollte, wo sie sich doch eigens aus dem Karton bemüht hatte. Sie kratzte übermütig eine sichtbare Mahnung auf Karins Hand.

„Du kleines Biest!“ Lachend wollte Karin ihr einen Klaps versetzen, aber das Tier war flinker. Es rollte sich auf den Rücken und langte mit der Pfote nach dem Ball. Versteh doch, ich will spielen!

Karin griff nach der Stoffkugel. Sie drehte sie zwischen zwei Fingern und stutzte. An einer Stelle löste sich die Naht. Dahinter schimmerte grellgelbes Plastik. Karin holte ein Ei heraus, wie es Kinder aus Automaten ziehen, weil sie Wunderdinge wie Blechringe, Murmeln und Plastikfigürchen darin vermuten. Der Spielball rollte weg. Karin saß da mit dem kleinen gelben Ei und wusste ohne hineinzusehen, was sie in ihren Händen hielt: Stoff, Stoff, guten Stoff! Kokain aus einem von Hennings raffinierten Verstecken.

Sie stand auf. Etwas in ihr übernahm Macht und Führung über sie, befahl ihr, Hennings Rasierspiegel zu holen, den Inhalt des gelben Behälters daraufzuschütten, kleine Straßen durch den Schnee zu ziehen ... Sie starrte auf den Spiegel, ihr Herz schlug so heftig, dass sogar die winzigen weißen Wälle zitterten … Gier! Keine Stimme warnte. Sie rollte ein Blättchen Papier zusammen, zog mit der Nase den Schnee ein, fühlte, dass ihr Schmerz kleiner, immer kleiner wurde … verschwand. Weit weg flog sie, flog und flog … Dann tauchte sie in die große, letzte Stille.

„Karin!“ Henning sank entsetzt neben seiner toten Frau auf den Fußboden und das Entsetzen wich nur langsam heißen Tränen der Wut.

Der Ball, der verdammte Ball! An den hatte er nicht mehr gedacht.

Register der Fachbegriffe

Acid (engl. Säure) Bezeichnung für LSD

Alkaloide Atropin, Chinin, Codein, Coffein, Kokain, Morphin u. a.

Amphetamine Weckmittel, z. B. Pervitin, Ritalin, Captagon; Psychostimulantien, die entweder in Tablettenform eingenommen, geschnupft oder, in Wasser aufgelöst, gespritzt werden. Wirkung: verzögerter Schlafeintritt, vermindertes Hungergefühl, Empfinden gesteigerter Leistungsfähigkeit, dem Selbstunsicherheit folgt

antörnen (to turn on); sich durch Drogen für besondere Bewusstseinseindrücke bereitmachen

ausflippen geistig ausbrennen; schlechtes Ende eines Trips; Rückzug aus der Gesellschaft; Ausbruch aus Schule, Arbeitsstätte, früherem Freundeskreis

Bang Schuss; intravenöse Injektion harter Drogen

Barbiturate Schlaf- und Beruhigungsmittel

Berliner Tinke Gemisch aus Essigsäure und Morphium

Cappies Captagon-Aufputschpillen

Coca Kokablätter, die in Südamerika, Java, Sumatra und Madura angebaut werden und aus denen man Kokain gewinnt. Zusammen mit Kalk oder alkalischer Pflanzenasche gekaut gelten die Blätter den Indios seit Jahrhunderten als Kraft- und Vitaminspender. Das Kauen der Blätter ist ungleich weniger schädlich als die Einnahme von Kokain, macht gleichwohl psychisch abhängig

Cold Turkey ersatzloser körperlicher Entzug, ist meist in drei bis vier Tagen ausgestanden

Crack Droge aus Kokain, Backpulver und Wasser; gilt wegen der relativ geringen Beschaffungskosten in den USA als Getto-Droge; auch unter folgenden Namen bekannt: Base, Baseball, Freebase, Rocks, Roxanne, Supercoke; Wirkung des Kokains wird auf wenige Minuten verkürzt, dafür ist Crack mindestens 20-mal so gefährlich wie Kokain

Dealer	kleiner Drogenverteiler, oft selber süchtig
drücken	spritzen
Ecstasy	auch XTC; Designerdroge; enthält Speed und halluzinogene Wirkstoffe; Lieblingsdroge bei Techno-Party
Fixer	Drogenabhängiger
Flash	„blitz"-artiges Glücksgefühl, mit dem die Wirkung der Droge einsetzt
Freebase	hausgemachte Version von Crack; entsteht in der Küche aus Kokain, das gelöst wird durch Erhitzen mit Ammoniak; betäubt Schlafbedürfnis, Hunger, Angst
Gipsy	Mischung aus Haschisch und Opium
Glass	auch Super-Speed, Freebase, Speed und Ice genannt; Amphetamin, das durch Aufbacken rauchbar gemacht wird
Grass	Cannabis (Pot), indischer Hanf, aus dem Marihuana und Haschisch gewonnen werden
H	Abkürzung für Heroin; meist englisch ausgesprochen: Äitsch
Halluzinogene	Drogen wie LSD, DMT, Peyote, Meskalin, Psilocybin; führen zur Veränderung der Wahrnehmung und des Ich-Erlebens
Haschisch	geknetetes, gepresstes Harz der weiblichen Cannabispflanze; fünfmal wirkungsvoller als das aus den getrockneten Blättern der gleichen Pflanze gewonnene Marihuana
Heroin	kristallines Pulver; aus Mohn gewonnenes Opiat
high	euphorisches Glücksgefühl nach Drogeneinnahme
Horrortrip	schreckliche Bewusstseinserfahrungen nach dem Gebrauch von Halluzinogenen
Illegale Drogen	Stoffe, deren Besitz und Vertrieb strafrechtlich verfolgt werden
Joint	Haschisch- oder Marihuana-Zigarette
Junkie	Drogenabhängiger
kiffen	Haschisch oder Marihuana rauchen
Legale Drogen	Alkohol, Nikotin, Medikamente, deren Besitz, Konsum und Verkauf gesetzlich zugelassen sind
LSD	eines der stärksten und gefährlichsten Halluzinogene

Marihuana	siehe Grass
MDA	Designerdroge; synthetischer, psychoaktiver Wirkstoff der Muskatnuss
Narkotika	Betäubungsmittel (Heroin, Methadon u. a.); dürfen sofort, und zwar vollständig gefahrlos, entzogen werden (im Gegensatz zu Alkohol und Barbituraten, die nicht ohne lebensgefährliche Komplikationen *sofort* entzogen werden können)
polytox	von verschiedenen Suchtstoffen abhängig
Pot	Cannabis-Derivate, vor allem Marihuana
Pusher	Drogenhändler größeren Stils
Rox	gelbes Heroin
schießen	spritzen
Schnee	Kokain
Schnüffelstoffe	leicht flüchtige Stoffe, die eingeatmet werden um eine euphorische Wirkung zu erzielen, z. B. Klebstoffe, Farb- und Lackverdünner, Sprays
Shit	Haschisch und Marihuana
sniffen, sniefen	Drogen (Amphetamin, Heroin, Kokain) durch die Nase inhalieren
Speed	Oberbegriff der Amphetamine und Methamphetamine
Stimulantien	Aufputschmittel
Stoff	Drogen ganz allgemein
stoned	unter Drogeneinfluss stehend
Turkey	Entzugskrise, deren Ausprägungsgrade sich von 0 (heftige Begierde, Angst) bis auf 4 (windet sich vor Schmerzen; leidet unter Erbrechen und Durchfall, pro Tag 1–2 kg Gewichtsverlust) steigern
User	jemand, der Drogen nimmt
verpimpeln	Drogen strecken, verschneiden
White Stuff	Heroin, Kokain und Speed
werfen	Drogen schlucken
wired	(verkabelt); Beschreibung der wie elektrisiert empfundenen Nervosität

Erster „Drogen-Weltbericht“ (Auszug)

Der Rauschgifthandel macht Ende der 90er Jahre 8% des gesamten Welthandels aus. Jährlich werden bei Drogengeschäften 400 Milliarden Dollar umgesetzt – mehr als in der Auto- oder Stahlindustrie.
Die Behörden müssten zwei Drittel der Drogen beschlagnahmen um dem Handel ernsthaft zu schaden. Sie schaffen gegenwärtig nur 15 bis 30 Prozent.
Cannabis wird von 2,5% der Weltbevölkerung konsumiert,
Heroin von 8%, Kokain von 13%
Ecstasy und andere Designerdrogen nehmen 0,54% (Tendenz steigend)

Drogenberatung

Wohin können sich Suchtkranke oder ihre Angehörigen wenden?

1. Bundesweite Adressen:

- *Bundesarbeitsgemeinschaft der Freundeskreise für Suchtkrankenhilfe in Deutschland e. V. – Selbsthilfeorganisation*
  Kurt-Schumacher-Straße 2, 34117 Kassel, Telefon (05 61) 78 04 13
- *Bundesverband der Elternkreise drogengefährdeter oder drogenabhängiger Jugendlicher e. V. (BVEK)*
  Herzbergstraße 84, 10365 Berlin, Telefon (0 30) 55 67 02-0
- *Kreuzbund e. V. – Selbsthilfe- und Helfergemeinschaft für Suchtkranke und deren Angehörige*
  (mit zahlreichen regionalen Diözesanverbänden)
  Münsterstraße 25, 59065 Hamm, Telefon (0 23 81) 6 72 72-0
- *Selbsthilfe junger Suchtkranker – Bundesweite Koordinationsstelle der Caritas*
  Große Hamburger Straße 18, 10115 Berlin, Telefon (0 30) 2 80 51 12
- *Synanon International e. V.*
  Bernburger Straße 10, 10963 Berlin, Telefon (0 30) 25 00 01-0

2. Elternkreise und Selbsthilfeorganisationen in den Ländern

Baden-Württemberg:

- *Arbeitsgemeinschaft der Selbsthilfeorganisationen für Suchtkranke, Region Franken e. V.*
  Naturfreundeweg 17, 71543 Wüstenrot, Telefon (0 79 45) 9 80 00

- *Freundeskreise für Suchtkrankenhilfe in Württemberg e. V.*
  Hindenburgstraße 19a, 89150 Laichingen, Telefon (0 73 33) 37 78
- *Landesarbeitsgemeinschaft der Freundeskreise für Suchtkrankenhilfe in Baden e. V.*
  M 7, 22, 68161 Mannheim, Telefon (06 21) 15 34 33
- *Landesverband der Elternkreise drogengefährdeter und drogenabhängiger Jugendlicher in Baden-Württemberg e. V.*
  Werderstraße 67, 70190 Stuttgart, Telefon (07 11) 28 29 39

Bayern
- *CON-DROBS e. V.*
  Konradstraße 2, 80802 München, Telefon (0 89) 39 10 66
- *Landesarbeitsgemeinschaft der Freundeskreise für Suchtkrankenhilfe in Bayern e. V.*
  Dorfplatz 9, 90562 Kalchreuth, Telefon (09 11) 5 18 35 51
- *Drogen-Elternselbsthilfegruppe München* (ohne Adresse)
  Telefon (0 89) 57 37 14 und 8 59 52 97 und 84 45 21

Berlin (s. auch Brandenburg)
- *Elternkreis Berlin (EKB) e. V.*
  Wulfsheinstraße 7, 10585 Berlin, Telefon (0 30) 3 42 25 03
- *Elternselbsthilfe -Arbeitsgemeinschaft Drogenprobleme (AGD) e. V.*
  Warthestraße 4–5, 12051 Berlin, Telefon (0 30) 6 25 90 15

Brandenburg
- *Landesarbeitsgemeinschaft der Freundeskreise für Suchtkrankenhilfe in Berlin-Brandenburg e. V.*
  Robert-Koch-Str. 37, 15890 Eisenhüttenstadt, Tel. (0 33 64) 4 46 65

Bremen
- *Landesarbeitsgemeinschaft der Freundeskreise für Suchtkrankenhilfe in Bremen e. V.*
  Hinterm Halm 59, 28717 Bremen, Telefon (04 21) 6 36 86 17

Hamburg
- *Landesarbeitsgemeinschaft der Freundeskreise für Suchtkrankenhilfe in Hamburg e. V.*
  Vom-Berge-Weg 5d, 22159 Hamburg, Telefon (0 40) 6 43 63 09

Hessen
- *Landesarbeitsgemeinschaft der Freundeskreise in Hessen e. V. – Suchtkrankenhilfe*
  Frankfurter Straße 314, 34134 Kassel, Telefon (05 61) 4 57 69

- *Narcotics Anonymous – Regionales Service-Komitee*
  Postfach 11 10 10, 64225 Darmstadt

Mecklenburg-Vorpommern

- *Landesarbeitsgemeinschaft der Freundeskreise für Suchtkrankenhilfe in Mecklenburg-Vorpommern e. V.*
  Lindenstraße 29, 19288 Ludwigslust, Telefon (0 38 74) 2 90 37

Niedersachsen

- *Landesarbeitsgemeinschaft der Freundeskreise für Suchtkrankenhilfe in Niedersachsen e. V.*
  Schlieperstraße 32, 48527 Nordhorn, Telefon (0 59 21) 56 89
- *Niedersächsischer Landesverband für Elternkreise Drogenabhängiger e. V.*
  Jakobistraße 43, 30163 Hannover, Tel. (05 11) 39 30 30 und 78 96 54

Nordrhein-Westfalen

- *Landesarbeitsgemeinschaft der Freundeskreise im Rheinland e. V. – Selbsthilfeorganisation für Suchtkranke*
  Irkensbusch 41, 46535 Dinslaken, Telefon (0 20 64) 7 22 50
- *Landesarbeitsgemeinschaft der Freundeskreise für Suchtkrankenhilfe in Westfalen e. V.*
  Am Eickhof 34, 32120 Hiddenhausen, Telefon (0 52 21) 6 69 66
- *Landesverband der Elternkreise drogenabhängiger und drogengefährdeter Jugendlicher in Nordrhein-Westfalen e. V.*
  Am Birkenkamp 20, 40629 Düsseldorf, Telefon (02 11) 28 85 25

Rheinland-Pfalz

- *Landesarbeitsgemeinschaft der Freundeskreise für Suchtkrankenhilfe in Rheinland-Pfalz e. V.*
  Gerichtsstraße 26, 57537 Wissen, Telefon (0 27 42) 12 28
- *Landesverband der Elternkreise für Drogengefährdete und Drogenabhängige in Rheinland-Pfalz*
  Mittlere Talstraße 17, 55130 Mainz, Telefon (0 61 31) 8 71 25

Saarland

- *Landesarbeitsgemeinschaft der Freundeskreise für Suchtkrankenhilfe im Saarland e. V.*
  Silcherstraße 7, 66130 Saarbrücken, Telefon (06 81) 87 41 49

Sachsen

- *Landesarbeitsgemeinschaft der Freundeskreise für Suchtkrankenhilfe in Sachsen e. V.*
  Radeberger Straße 11, 01099 Dresden, Telefon (03 51) 8 02 79 95

Sachsen-Anhalt

- *Landesarbeitsgemeinschaft Jugendschutz Sachsen-Anhalt e. V.*
  Theaterstraße 1, 06406 Bernburg, Telefon (0 34 71) 2 81 21

Schleswig-Holstein

- *Landesarbeitsgemeinschaft der Freundeskreise für Suchtkrankenhilfe in Schleswig-Holstein e. V.*
  Prinzenstraße 13, 24768 Rendsburg, Telefon (0 43 31) 5 54 01

Thüringen

- *Landesarbeitsgemeinschaft Kinder- u. Jugendschutz Thüringen e. V.*
  Johannesstraße 19, 99084 Erfurt, Telefon (03 61) 6 44 22 64

3. Informationsmaterial

(Themen: Suchtbehandlung, Drogen, Beratungsmöglichkeiten) ist zu beziehen über die

- *Deutsche Hauptstelle gegen die Suchtgefahren (DHS)*
  Westring 2, 59065 Hamm, Tel. (0 23 81) 9 01 50, Fax (0 23 81) 1 53 31

Die DHS gibt auch ein im Buchhandel erhältliches „Jahrbuch Sucht“ heraus, das alle wesentlichen Informationen auf dem Gebiet der Suchtkrankenhilfe enthält.

4. Auskunft

erteilen u. a. auch folgende Stellen:

- *Bundeszentrale für gesundheitliche Aufklärung (BZgA)*
  Ostmerheimer Straße 200, 51109 Köln, Telefon (02 21) 89 92-0

- *Bundesministerium für Gesundheit*
  Referat 326 – Drogen- und Suchtmittelmissbrauch
  Am Probsthof 78a, 53121 Bonn, Tel. (02 28) 9 41-0

- *Ärzte, insbesondere Ärzte für Nervenheilkunde*

- *Gesundheits-, Jugend- und Sozialämter*
  (im Telefonbuch unter Stadt-, Gemeinde- oder Kreisverwaltung)

- *Kirchen*

offen & ehrlich

Eine Reihe für Mädchen ab 13

Fran Arrick:
Diagnose: positiv
Ellen erfährt,
dass sie Aids hat

Irma Krauß:
Esthers Angst
Esther darf sich
aus religiösen
Gründen nicht in
Gilbert verlieben

Ursula Isbel: Ich will nicht mehr
Dagny hat Selbstmordabsichten

Karin Jäckel: Treffpunkt Nachtcafé
Ben vertuscht Nina gegenüber, dass er auf der Straße lebt

Irma Krauß: Bis unter die Haut
Daniele versucht krampfhaft ihre Hautkrankheit zu verbergen

Irma Krauß: Ausgeklinkt
Bernhard wehrt sich gegen Fremdenhass und Gewalt

Inger Skote: Warum ausgerechnet wir?
Silvis Vater hat die Alzheimer Krankheit

Elvira Hoffmann: Süßer Traum von bösen Blumen
Karin ist drogenabhängig – ihr Abstieg ist vorprogrammiert